张家驹宋史人物传记

张家驹◎著

沈括

中国书籍出版社
China Book Press

《张家驹宋史人物传记》前言

今年是张家驹先生的百年诞辰,距他去世也恰四十周年。作为20世纪宋史研究的拓荒者之一,其生平为世所知者大有"零落成泥"之憾。关于他的传记,主要有李小松的《青山隐隐水迢迢——记宋史学家张家驹》(收入《广州文史资料》1988年第39期),程应镠的《一位为人师表的学者——张家驹同志逝世十周年》,李培栋的《宋史学家张家驹传》(以上二文均收入《张家驹史学文存》)。我写过两篇关于他的文章,一是《一部几乎被遗忘的拓荒之作——张家驹与他的〈宋代社会中心南迁史〉》(即《文存》前言的主体部分),一是《尚余春梦足清谈——写在〈张家驹史学文存〉之外》(收入拙著《敬畏历史》),在钩沉其学术行迹的同时,还试图对其史学成就作出评价。这里,没有必要再缕述他的生平,仅随事而发地说点感想。

张家驹的本科毕业论文题为《宋代东南之繁盛》,其日后"中国社会中心迁转说"早已珠胎暗结在其中,学术水准远在今日一般史学硕士论文之上,足以表明其宋史研究的起点之高与廊庑之大。他从燕京大学走出,曾师从洪业、邓之诚、张星烺等名家,也听过顾颉刚与谭其骧的历史地理课,与周一良是同届同学,与侯仁之、王钟翰、程应镠为前后届系友,与国文系的陈梦家是燕大文学院的同届生。近年以来,对民国学术的评价莫衷一是,有人推崇备至,有人认定高估。且不说追念民国学术,其风向所指是当下学术生态之窳败;像燕京大学在短短数年竟造就了卓尔不凡的学者群,显然是不能低估,值得探究的。

通观张家驹的学术生涯,李培栋认为有两个高峰期:"第一个高峰在燕京大学学习时期,延续到1942年;第二个高峰在上海师范学院的1956年到1962年。"第一高峰期大体跨度十年,代表作为《宋代社会中心南迁史》,这一时期约有过半岁月处于抗日战争的连天烽火中。第二高峰期只有短短六七年，代表作为《两宋经济重心的南移》。据李培栋说，"1962年后政治形势日益严峻，已很难进行研究工作了"。这一回顾，不禁令人唏嘘不已。倘若说，他的第一高峰期因外敌压境而被迫中断，那么，他的第二高峰期却纯然因内乱孔棘而彻底夭折。他是1974年辞世的，1962年四十八岁，即便寿数命定，其后12年正是学术研究的鼎盛期，理应有更多成果传之后世。但这12年中，他唯一发表的却是1965年岁末《文汇报》上那篇为配合《评新编历史剧〈海瑞罢官〉》而被"钓鱼"的文章《论海瑞的评价不宜过高》，这真是让人啼笑皆非的黑色幽默。

张家驹享年六十，无论怎么说，都走得太早。这应与他的"文革"遭遇有关。"文革"开始不久，他的独子就在广东受迫害而死，据程应镠先生回忆，在那个特殊年代里，即便好友，他也"从没有对人诉说过这摇撼了他肉体和精神支柱的悲哀"。这一期间，他本人也被打为"牛鬼蛇神"，在学校附近接受"劳动改造"。据李培栋说，"张家驹家在虹口，每天必须六时出门，才能赶上七点半的早请罪点名，晚上八点半放人，他回家约已十点钟，睡眠不会充足，他又是老胃病，中午只吃自己带来的一小热水瓶的面条，这样的生活，对于他来说，是多么残酷的折磨。……张家驹刚满六十岁而病死，实际是和遭受这段摧残大有关系的"。我有时在想，倘若没有"文革"，1968年我应届考入上海师范学院（即今上海师范大学前身）就读历史的话，也许会向他学宋史；倘若没有"文革"，他没受摧残而病死，完全可以延长十几二十年的学术生命，为宋史学界做出更多的贡献。历史虽没有"倘若"，后人却应该警醒。

在学术史上，"名师出高弟"与"高弟出名师"的现象，都不乏其例。张家驹蛰居上海师院这样的三流大学，未有弟子能传其学，便绝无可能享受"高弟出名师"的表彰，这无形中导致其学术成就被低估。我之所以在五年前发心编集《张家驹史学文存》，就试图客观还原他在中国史研究领域的地位与影响：

倘若借用西方科学哲学中库恩的"范式"理论，"中国社会中心迁转说"这一中国史研究中的"范式"是由张家驹创立的，其后的研究都是对这一范式的补充与展开。张家驹在中国社会经济史与宋史研究中的开创性地位也由此而不可撼动。

即便就其传世论著而言，他已经无愧为宋史学创立期的主要拓荒者之一，他的"中国社会中心迁转说"与冀朝鼎的"中国历史上基本经济区说"，足以并称上一世纪三四十年代中国社会经济史领域里最具问题意识的两大命题，这样的贡献不可谓不大。（《文存》前言）

我与他并无师承关系，自信这样的评价决非阿私之言，而是建基于学术史轨辙的平允之论。

完成了《两宋经济重心的南移》后，张家驹的关注重心转向人物研究。1958年，他在《历史研究》上发表了《论赵匡胤》；次年，他的《赵匡胤传》即由江苏人民出版社印行。通过比照，可以推断，《论赵匡胤》是其整个赵匡胤研究的精华版，《赵匡胤传》则是这一研究的终结版。这册传记在剖析宋太祖立国规制优劣成败的两重性上，称得上辩证透彻而见解独到。其后三年，张家驹对沈括进行了深入的研究，与胡道静的《梦溪笔谈》研究珠联璧合，相互辉映，分别从人物与著述入手，共同奠定了沈括与《梦溪笔谈》研究的坚实根基。张家驹选择开国定制的赵匡胤与科技巨人沈括作为研究对象，其眼光识见毋庸赘言。其后尽管有多种赵匡胤与沈括的传记著作问世，但他的《赵匡胤传》与《沈括》却是全面论述这两位宋史人物的首部学术性传记。

当年因经费与篇幅所限，没能把这两部宋人传记全文收入《张家驹史学文存》，这是深以为憾的。今春中国书籍出版社联系到我，希望再版他的《赵匡胤传》。我提议，能否连同《沈括》一并再版，作为对这位宋史名家百年诞辰的最好纪念，终获大力支持。至此，在短短五年里，他的遗著已全部结集或再版，这是差可告慰先贤的。

这次新版，出版社对两册传记统一编辑处理，包括改正旧版的误植错排，古今地名按当前政区重新标注，补配了图像资料与文字说明。《赵匡胤传》作于五十五年前，这次是首次改版，我在校读时改动了少数史料的句读，斟酌了个别史实的表述，也适当弱化了成书年代那些强调阶级斗争的烙印（这既不必为贤者讳，我也尽可能少改或不改，相信读者自能理解与识断）。《沈括》在上世纪 70 年代末已经再版，也就不存在这类问题。

1978 年一个秋夜，程应镠先生校毕亡友遗著《沈括》的清样，曾为一绝句，前两句云："呕心剩有遗书在，忆往难禁泪满腮。"那年，我读大一，宋史学习还刚起步。不料三十六年后竟也为其校读另一遗著《赵匡胤传》，继业师之后与张家驹先生再续宋史缘。我于他没有亲炙之幸，自然少了那种"忆往难禁"的情分，但"呕心剩有遗书在"的感慨还是有的。任何领域的学术研究就像一次永无终点的远行，先行者的足迹永远是后来者不断前行的起点，不论后来者走出多远，也始终应对先行者深怀一份敬意。学术史的长河也遵循着大浪淘沙的铁律，轻飘飘的泡沫总要消退，沉甸甸的成果终将留下，学者的价值就在于他的遗书能够长久地传世。

虞云国

2014 年岁杪

序 言

沈括在我国历史上，是一位卓越非凡的科学家。1961年是他诞生的九百三十周年，这本沈括的传记，正是为了纪念这个杰出学者的诞生而写。

说起这个历史人物，真有点不比寻常，他不仅对祖国古代科学技术有很多重要贡献，称得上是博学多才；而且他的毕生事功，对当日政治潮流波动，也产生过不小影响，不愧为11世纪时期，一个有远见的文武全才的政治活动家。《梦溪笔谈》一书，就是他传世的一部十几万言的辉煌巨著，内容丰富多彩，很有学术价值。像他那样的科学家，不单在祖国文化发展史上，享有崇高地位；就是在世界科技史里面，也是一个不经见的人物。

可是，因为沈括参加了王安石变法运动，这使他无论在政治上和学术上，都蒙受到排挤倾陷。他逝世以后，他的光辉事迹，更受到人们肆情玷垢，大凡反对新法的文人、政客，莫不对他充满成见，甚至捕风捉影，制造出许多虚妄的诬蔑。包括南宋史学家王称、李焘等人在内，犹不免对他施用了曲笔。总之，宋人对他的舆论，是不能令人感到满意的。

《宋史》本传的记载，虽有颠倒乖错的地方，但从大体说来，对他主要事迹的评价，还算比较公允，叫人非议的地方不多。例如对他议论免征下户役钱，和主持修筑永乐城的经过，都颇能据实直书，符合事实真相。一面对他出使辽廷和镇守鄜延的勇荷重任，多所发扬；一面又指出他"博学善文，于天文、方志、律历、音乐、医药、卜算无所不通"这一伟大特点。这些评价对沈括来讲，并不是过高的。然而，旧史又因限于体例，对他生平许多具有意义的事迹，不能详写；更谈不到用科学的观点，来总结他的成就了。

直至近代，沈括的学术才逐渐引起中外学者的注意。解放前我国学者中，如朱文鑫先生对他的天文方面，竺可桢先生对他的地理方面，王光祈先生对他的乐律方面，日本学者如三上义夫，对他的算学方面，都做过专门性的研究，先后发表在他们的著作里面。而张荫麟先生的《沈括编年事辑》，更倡导了全面探讨这位科学家的先河。张文对沈括生平考订精详，有不少地方，纠正了史传的缺失。解放以后，在党的正确的继承文化遗产方针指导下，我国学者便进一步从各个方面发扬沈括的贡献。例如竺可桢、陈遵妫等先生对他的天文学和气象学，王锦光、刘秉正等先生对他的物理学，李俨、许莼舫先生对他的数学，陈桢先生对他的生物学，高泳源先生对他的地理学……都作了深入的研究，成绩斐然，蔚为大观，显示出新中国科学研究的巨大成就。

近年来钱宝琮先生、胡道静先生，和英国的李约瑟教授等，对《梦溪笔谈》一书，都曾给予综合性研究。特别应指出的是胡先生的《梦溪笔谈校正》和《新校正梦溪笔谈》，对这本书所作资料和校勘工作，功力甚深；附录《沈括事迹年表》和《沈括事略》，对张文又作了进一步考订，给综合评介沈括的工作提供了有利的条件。但是由于沈括的专长较多，经历也很复杂，科学工作者在研究他的时候，总是分门别类，结合自己的专长着手。他们有的研究了某种专门学说，有的着重了人物，有的着重了著作。能将沈括的生平事迹和学术成就作为一个整体，全面估价这个人物的著作，目前尚不多见。

作者在学习这段历史时，感觉到沈括那种刻苦钻研、坚持真理的精神，和他多方面的学术成就，对我们今天发挥科学技术力量从事祖国社会主义建设有一定的意义。因此不自量力，企图对沈括的生平和科学贡献，试作一番综合研究，使我们对他的成就和贡献，得到比较真实而全面的认识。

问题是沈括的学识非常渊博，不是某一个人所能很好地作出系统的全面评介，如果没有专家们的研究工作，替我铺下平坦的道路，要写成这样一本传记，事实是不可能的。读者假如读了这本小书，还能对沈括有一概括认识的话，那应当说是长期以来学者们研究的成果，而不是由于作者个人的努力。反之，作者的科学水平和文字表达能力都很陋拙，在领会和吸收这些成果的时候，难免出现不正确和辞不达意的地方，作者原意在这里，诚恳地请求读者能够不吝予以指正。

《梦溪笔谈》是我国古代的学术宝库，有许多精辟的科学见解，不见于这本传记的叙述，有待于进一步发掘，或是不能一一备载。同时作者的写作技巧又非常低劣，没有一枝生花妙笔，能把这本传记写得活泼流利，吸引读者们的读书兴趣，这是一个极大的遗憾。

作 者
1962 年 2 月于上海

目录 | Contents

《张家驹宋史人物传记》前言 ... 1

序言 ... 1

第一章 时代、家世和早期活动 ... 1

一个多才多艺的科学家 ... 3

沈括生活的年代 ... 6

初入仕途，整治沭水 ... 12

有关圩田的理论和实践 ... 15

第二章 从举进士到提举司天监 ... 21

沈括在司天监 ... 23

几个卓越的天文学说 ... 26

主持修《奉元历》 ... 29

改制新观象仪 ... 33

《浑仪》等三议：科技史上的重要文献 ... 36

第三章 参加王安石的变法运动

- 沈括的政治思想 … 43
- 参预变法运动 … 45
- 疏浚和测量汴渠 … 50
- 相度两浙农田水利、差役、兼察访 … 54
- 巧谏登记民车、官卖蜀盐 … 58
- 察访河北西路 … 61
- 推行义勇、保甲 … 64
- 兼判军器监 … 68
- 后期与王安石的关系 … 70

第四章 在对辽交涉中取得了胜利

- 宋辽统治阶级的矛盾 … 74
- 代北风云的再起 … 77
- 接受了一个艰巨的使命 … 79
- 针锋相对,争辩不屈 … 83

第五章 任三司使时的贡献

- 沈括使辽误朝辨 … 87
- 察访淮浙 … 91
- 改革陕西盐钞法 … 97
- 沈括的货币论 … 101
- 减免下户役钱议 … 103
- 其他政绩 … 105

第六章 在西北战场上效力

- 起用知延州 … 113
- 厉兵秣马,五路出击 … 118
- 顺宁之战和诸寨的占领 … 123
- "应付边事有劳" … 125
- 筑永乐城议 … 127
- 永乐和绥德保卫战 … 129

第七章 晚年居住润州，著《梦溪笔谈》

- 145 谪居期间编绘《守令图》
- 147 晚年隐居梦溪
- 151 《梦溪笔谈》：一本内容丰富的学术著作
- 153 《梦溪笔谈》反映了当时最新的科技水平
- 157 《笔谈》揭露了社会矛盾的现实
- 162 《笔谈》
- 167 《长兴集》《良方》及其他

第八章 沈括在自然科学方面的成就

- 171
- 173 天文记载和地磁偏角的发现
- 176 《十二气历》的发明
- 180 隙积术、会圆术
- 183 对磁学、光学、声学的研究
- 187 地质学上的卓越见解
- 191 气象观察和物候记录

- 195 动、植物和生理学
- 198 沈括的医术和医理

第九章 沈括在人文科学方面的造诣

- 203
- 205 历史研究的宝藏
- 209 人文地理的记述
- 213 乐理、乐曲的研究
- 216 美术鉴赏与批评

第十章 值得学习的艰苦踏实作风

- 221
- 223 艰苦踏实的治学精神
- 227 沈括成就的局限

附录：沈括事迹年表 230

· 3 ·

壹

时代、家世和早期活动

一个多才多艺的科学家

沈 括

我们伟大祖国文化的发展，历经了几千年悠久而光辉的行程。翻开历史典籍，就像走进一座美丽的花园，五彩缤纷，绚烂夺目。许多伟大的发明创造，集中地表现出我们祖先劳动人民的聪明智慧；那些杰出的科学家发明家，认真地概括了劳动人民产生的结晶，对祖国科学文化的进展，付出了重大贡献。他们的名字，永远受到人们尊敬；其中还有不少著名人物，在世界文化史上，也占着最前列的地位。

在这些英俊人物当中，沈括（1031—1095年）[①]是具有代表性的一个。他生活在公元第11世纪，亦即我国历史上的北宋时代，是我国古代杰出的科学家。他的一生，一面从事政治活动，做了许多有益人群的实际工作；一面进行科学研究，对天文、数学、历法、地理、物理、生物、医药、文学、史学、音乐等各门学科，都有卓越的成就。就以他的政治活动来说，特别为人们所称道的，一次出使契丹办理边界交涉，一次坐镇陕西和西夏作战，都曾建

[①] 沈括生卒年代共有四说，本书采取张荫麟先生考证、胡道静先生订正的说法，即生于宋仁宗天圣九年、卒于哲宗绍圣三年之说。见胡著《梦溪笔谈校正》，下册，页999。

立过不可抹杀的功绩。其他如兴修水利、改造观象仪器、监制军器、主管财政等一系列活动，说明他不单在学术上出人头地，而且是一个热心爱国、体察人民疾苦、文武双全的政治活动家，世界上不可多得的第一流科技人才。

这一点就是外国的著名学者，也都表示承认的。日本数学家三上义夫，在他所著的《中国算学之特色》一书里，对沈括有很高的评价。他说：

> 日本的数学家没有一个比得上沈括，像中根元圭精于医学、音乐和历术，但没有沈括的经世之才；本多利明精航海术，有经世才，但不能像沈括的多才多艺。如果在别国中去找能够和沈括相比的数学家，那么德国的来本之和法国的卡罗，在某点上或可和沈括比较，但若一面远胜沈括，同时又多才多艺，那就谈不到了。仅有希腊的阿契泰斯，他的学识经验最能和沈括相比。总之，沈括这样的人物，在全世界数学史上找不到，惟有中国出了这一个人。我把沈括称做中国数学家的模范人物或理想人物，是很恰当的。①

英国剑桥大学李约瑟教授，在他所著的《中国科学技术史》一书里，也有类似的评论。他提到沈括既是一个普通文官，也曾"几次出使别国"，做过陆军指挥官、水利工程领导人和翰林院学士。他用了较多篇幅，讨论沈括所著的《梦溪笔谈》，指出它的内容，包有天文、数学、化石观察、立体地形图制作、冶金术素描和分量很多的生物观察记录，并称它为"中国科学史上的坐标"。②

他们用来赞美这位多才多艺科学家的词句，揆之历史事实，丝毫没有过誉的地方。科学家之走向多方面发展，原是祖国文化史上的优秀传统，东汉的张衡和南齐的祖冲之，都是良好的范例。生于北宋时代的沈括，继承了这个光辉传统，在当时已在展开研究的科学部门，总结、充实并进一

---

① 转引自许莼舫：《多才多艺的数学家沈括》，载《科学大众》1953年11月号。
② 李约瑟：《中国科学技术史》，第一卷，页135。（Joseph Needham: Science and Civilisation in China, Vol. I, p. 135.）

步发展前人已有的成果，赋给我国古代科学技术以新的生命力。他的著作不但为以后国内各种学术专著普遍引用，而且直到今天仍然受到外国学者的推崇，足见他在世界科技史中，也占有崇高地位。我们伟大的祖国，九百年前就产生出这样杰出的人才，无疑地足以引为自豪的。

沈括生活的年代

所有沈括这些成就，和他所处在的那个历史时代，是密切地关联着的。卓越的技术发明，不仅是由生产进程所准备的，而且通常也是由生产进程所引起的。科学的发生和发展，总是基于社会实践、生产力发展的需要、经济发展的需要和阶级斗争的推动。沈括的光辉事业也没有例外，是北宋中期的生产发展和阶级斗争，给它准备好了条件。因此在叙述沈括生平之先，有必要回顾当时的历史背景，了解沈括到底生活在怎样一个时代。

宋代建立之初，便进入内部相对稳定的时期，七八十年长期的和平与统一，给社会生产带来有利因素。由于广大劳动人民不断努力，创造出大量物质财富，至11世纪之间，社会经济便繁荣起来。在这一个时期，生产工具有了很大进步，劳动熟练程度显著提高；生产技术水平上升了，生产量有了很大增益。例如在农业方面，劳动人民在生产实践中，就创造出许多新的农具。苏轼在旅途经过武昌时，看见农民插秧，都骑着秧马。秧马是一种小船似的农具，插秧时骑在上边滑行，秧插得快，人也不劳累。[①]灌溉用的脚踏水车，经常出现在诗人吟咏的诗篇里，王安石诗集中，涉及龙骨车的诗句最多，其《山田久欲坼》一首说：

> 山田久欲坼，秋至尚求雨。妇女喜秋凉，踏车多笑语，……
> 欹眠露下轲，侧见星月吐。龙骨已呕哑，田家真作苦。[②]

[①] 王祯：《农书》，卷12。
[②] 王安石：《临川先生文集》，卷8。

诗人吟咏得很多，说明它被应用程度的普遍。秧马、水车之外，在北宋中期墓葬中，往往发现成组的铁制农具，如犁、钁、耧、耙、锄、镰等，也反映了当时生产的不同步骤。

生产工具和技术的进步，意味着人类征服自然能力的增强。这时的土地利用率，正在不断地提高。农民虽生活在困苦环境中，但不怕艰难险阻，开辟出更多未垦的荒田，扩展了耕地面积。治平年间（1064—1067年），垦田四百四十万顷，较之十多年前登记在册籍上的数字，增长几乎达一倍。① 梯田这个名字，屡次见于文献记载，说明某些山区的农业经济，逐渐脱离刀耕火种的落后面貌。在地势卑湿的水乡，江海之滨的沮洳，人们又继续了前一世纪以来的实践经验，创立了著名的圩田。这些事实表明，从平原到山岳，从陆地到水边，耕地在不断地扩展。其中圩田采用筑堤方法，外面御水，内里围田，深得水利的妙用。这时在滨海地区，还兴修了捍海堤堰，与咸潮争夺到大量耕地。

由于农民劳动熟练程度的提高，农作物单位面积产量也有了增加。苏州一带稻田的亩产量，平均普通年成得米三石。和唐代比较，唐代一般稻田亩产量约为一至二石，宋量大于唐量，两个数字折算起来，宋代比唐代增加很多。但苏州是个高产区，如果撇开不谈，就是其他和唐代数字相等地区，也因量的大小不同，几乎增产百分之十二。

手工业也出现同样情况。冶铁和炼钢的技术进步了，治平年间产铁八百多万斤，较唐中叶所产增达四倍。② 人们不但掌握了较高的炼钢技巧，而且分工也更细了。铸钱业有了很大的发展，1091年（元祐六年）官府铸额，光是一个元丰监，就相当于晚唐长庆时全国的数字。③ 棉纺织是新兴的事业，到11世纪中期，已经在南方的闽、广地区独树一帜，和当地人民的经济生活，紧密地联系一起。这时成都创设的一家官营锦院，在里面参加劳动的，军匠约五百人，有一百五十四张织机设备，年产额六百九十匹。④ 造船业也壮大起来，有的地方已经能够制造大型船只。例如出使高丽的神舟，富丽堂皇，规模宏伟，成为大型船舰的代表。汴京金明池北

---

① 《宋史》，卷173，《食货志》。
② 同上，卷185，《食货志》。
③ 孔平仲：《珩璜新论》，卷4。
④ 费著：《蜀锦谱》。

端，修盖起一座大船坞，二十丈长的船只，可以入澳修理。① 此外四川地区的筒井煮盐，凿井时使用特制钢具钻地，吸卤时又使用了唧筒，一切都是机械装置。② 而在京官府磨制茶叶，也利用了汴河水力，安装水磨磨制。手工业工人新的技术成就，推动生产向前发展，使得那个时代的手工业，以空前步伐迈向前进。

描绘北宋金明池龙舟竞渡活动的《宝津竞渡图》。元人王振鹏根据《东京梦华录》有关记载绘制。

至于商业和城市的繁荣，文学作家们往往给留下很好的见证。11世纪七八十年代的汴京，具有和过去不同气象。周邦彦写作过一篇有名的《汴都赋》，对这个号称"高显宏丽"的首都，给予细腻的描写。讲到它的规模和中心位置时，他夸张地说："分疆十同，提封万井，舟车之所辐辏，方物之所灌输。"就是说在汴京城里面，划分着成千里的境域，裂封着上万井的疆土，舟车从四面八方前来汇集，土产品在广泛地交流。讲到城墙建筑十分雄伟时，他说："观其高城万雉，埤堄鳞接，缭如长云之方舒，屹若崇山之礧硞。"他拿天上的云彩来比拟它的锦缀，用地面上的高山来

---

① 吴兢：《宣和奉使高丽图经》，卷34。沈括：《补笔谈》，卷2。
② 苏轼：《东坡志林》，卷4。

形容它的峻峭。看上去城高万丈，女墙一道连接一道，仿佛像天边伸卷着的长云，又像一座巍峨的高山般耸峙着。

城门的华丽和警卫的森严是："阓城为门，二十有九；琼扉涂丹，金铺镂兽，列兵连卒，呵夜警昼。"洞穿过这座高峻城墙的，是城门二十九座，华贵的门扇涂上朱红颜色，金环衔在雕镂的兽头上。士兵们耀武扬威，排成行列，白天和夜晚，一直在呵叱警戒。那么城内的规模呢？"城中则有东西之阡，南北之陌，其衢四达，其涂九轨。"城里街道，东西叫阡，南北称陌，交通四通八达，大路上可容九辆车子并驰。商业的繁荣是："萃驵侩于五均，扰贩夫于百隧。"在官市上聚集了多少经济牙人，市街上随处见到买卖人在忙乱。商品的种色是："竭五都之瑰富，备九州之货贿。"尽量搜罗五大名都的珍奇宝物，充斥着全国运来的金谷财帛。于是交通运输的繁忙，就必然是"舳舻相衔，千里不绝"了。[①]

当然并非只有汴京如此，在沈括自己的地理记述中，当时像南方的杭州、扬州、真州那样的城市，同样地都以户口繁庶、商业发达著称。虽然没有汴京那么重要，但究竟是商品交换发展情况下，一些比过去更加发达的大城市。至于对国外贸易，则通过杭、明、广三州市舶司，商船往来于大食（阿拉伯国家）、阇婆（爪哇）、三佛齐（苏门答腊）、高丽（朝鲜）等地间，而以广州最繁盛。当时又开辟了泉州、密州板桥镇等地，作为上述几处的补充贸易港。

这里我们可以看见，到了11世纪，社会经济确有很大发展。然而广大劳动人民的生活，并不因此而有多大改善。从土地所有情况说，北宋统治者对豪强兼并采取放任态度，生产有了发展，土地的转移较快。官僚凭借政治权力，对农民进行土地兼并，富商大贾也参加其中，成为重要兼并力量。到仁宗统治时期（1023—1063年），便形成许多势官富姓，无限止地占夺田地，兼并伪冒之风，盛极一时。国家试图严厉禁止，但都无效。[②]从赋税徭役负担说，到这个世纪的中期，由于养兵数目的激增，官僚人员的冗滥，加上各种经费的浩繁，使北宋政府的财政危机日益严重，转而加重对农民的榨取。这样在仁宗时，各项茶、盐、酒税和商税，都在急剧增

---

① 吕祖谦：《宋文鉴》，卷7。
② 《宋史》，卷173，《食货志》。

— 9 —

高。农民一年到头辛勤耕种，仅足供应官府需索，甚至刚打完场，就要簸糠麸，食秕稗，掘菜根，采橡实，才能勉强度过冬春两个季节。①

又因设置州县增多，差役征取频繁，伪冒出家来求免役，出卖土地来求减等，土地不敢多耕，骨肉不敢团聚，破产逃亡，或被迫自杀的，已经成为惯见事实。要是遇到灾荒，他们的痛苦就更不堪名状。王安石《河北民》诗，是一幅反映这种现实生活的写照：

> 河北民，生近二边长辛苦，家家养子学耕织，输于官家事夷狄。今年大旱千里赤，州县仍催给河役。老小相携来就南，南人丰年自无食。悲愁白日天地昏，路旁过者无颜色。汝生不及贞观中，斗粟数钱无兵戎。②

1073—1074年（熙宁六、七年）大旱期间，灾区难民典妻卖子，斩桑坏屋，流离道路。他们大都身无完衣，吃木实草根过活，郑侠将它绘成一幅《流民图》，显示出那种"皇皇不给"的凄凉景象。这样，阶级矛盾就迅速走向尖锐化。

另一方面，北宋政府虽然养着数量庞大的兵员，可是他们都是由召募而来，并且又都久疏训练，战斗力的薄弱，就可想而知。而北宋最高统治集团，在处理民族矛盾时

《契丹出境碑》（又名《回銮碑》）。此碑位于今河南省濮阳市濮阳县，是记载宋辽订立"澶渊之盟"的唯一实物。

---

① 欧阳修：《欧阳文忠公文集》，卷59，《原弊》。
② 李壁：《王荆文公诗笺注》，卷21。

候，却表现得软弱无力，经常处于被动地位。在和契丹、西夏统治者的战争中，一次又一次地损兵折将，最后是丧失土地、付出"岁币"图得苟全。1004年（景德元年）以前，宋廷的最大隐忧来自契丹，四十多年来爆发的战争，差不多每次失败的都是北宋。景德元年的一次，契丹统治者深入黄河北岸，距离汴京才二百五十里。宋廷面临崩溃危险，皇帝被迫亲上前线，结果在澶州（今河南濮阳南）订立城下之盟，宋人不得不每年拿出大宗银绢，来维持边境的苟安局面。此后半个世纪中，形势又有了改变，严重的问题不发生在北方，而主要是在西北。"澶渊之盟"订立前两年，西夏统治者便从宋人手里夺得灵州。1040年（康定元年）又对宋发动攻势，把战火一直燃烧至延州。次年（即庆历元年）的好水川战役，宋人几乎弄到全军覆没。仁宗倾全国人力物力来对付西夏，结果仍未消除西夏的威胁。

战争固然消耗大宗军费，和平也给宋廷带来岁币担负，对辽、夏战争结果，严重地影响了北宋政府的财政。北宋政府就加紧对人民进行剥削。阶级矛盾和民族矛盾相互交织，增加了这个地主政权的危机，农民活不下去了，对阶级敌人的反抗，更加如火如荼，广泛而炽烈。进入11世纪，全国各地接二连三地爆发了起义，京东王伦，京西张海、郭邈山，光化邵兴，湖南唐和，广西欧希范，就是多次起义中较大的几股。1047年王则领导的起义军占据了贝州（今河北清河），坚持斗争凡六十六日。1077年廖恩在南剑州（福建南平市）起义，聚集义军一千多人，他们作战勇敢，连江浙也震动起来。统治阶级已山穷水尽，风雨飘摇。如果不改弦易辙，广事更张，势难照老样子统治下去了。沈括生活着的，正是这么一个时代。

初入仕途，整治沭水

沈括，别字存中，杭州钱塘县人。父亲叫沈周，官至太常寺少卿分司南京。沈周一辈以上，姓沈的这个家族，打从五代十国以来，几乎没有人出来做官，只有沈括的曾祖父，曾经做过大理寺丞。这样他家自然说不上是"仕宦显族"，也没有很多的田产。沈括屡次对人提及自己家世，都自认是出自寒门，例如在《谢谪授秀州团练副使表》说：

伏念臣出自寒门，苟循世绪，龃龉白首，无一亩以退耕；黾勉清时，希斗食以自禄。①

在《答崔肇书》又说：

复不幸家贫，亟于禄仕。②

类似的说法，不一而足，说明他的家世和等级地位不能算高，以致他的一家生活，全赖做官食禄来维持。

沈周举进士后，主要做的是地方官，出知过润（今江苏镇江市）、泉（今福建泉州市）等州。庆历中（1041—1048年）由福建入京，做过几年开封判官，不久转江东按察使。他的从政方针，大体上主张清简放任，不愿意多所兴革，和当时普通官僚心理，基本没有什么两样。比较有名的事迹，是他在泉州任上，放宽了某些束缚人民的禁令；在开封的时候，也断

---

① 沈括：《长兴集》，卷16。
② 同上，卷19。

治了滞狱多起，反对滥铸大钱来增加剥削，傲了一点有益的事。沈括幼年受母亲的教育，又接受儒家正统派孟子思想的熏陶，对"仁政""井田"一类学说深感兴趣，备极推崇。他在青少年时代，跟随沈周到各处上任，曾经在泉州、江宁（今江苏南京市）等地，先后待过一个时期。而沈周做的又多是"亲民官"，这给沈括的思想意识带来一定影响，使他有机会更多地和社会接触，了解下层人民生活。

直到沈周去世，他守丧终制以后，才承袭父荫，做过多年低级官吏。这一期间内，他历任海州沭阳县（今江苏沭阳）主簿、代理东海县（今江苏东海）令、宣州宁国县（今安徽宁国）令、陈州宛丘县（今河南淮阳）令①等官。权位虽很低微，他却不像沈周那样蹈故守常，不求有所建树。相反的由于他的出身阶层和所处社会地位不高，经济情况并不宽裕等等，加上长期旅行在外，这使他能够对劳动人民的痛苦生活，产生一种同情的感觉。因而在这些日子里，他力求自己能够做出一点成绩来。他在《除翰林学士谢宣召表》所说的"一纪从师，讫无一业之仅就；十年试吏，邻于三黜而偶全"②，记的就是这个时期的事。

从二十四岁开始做县吏，到三十三岁举进士，已经十年了。至于他怎样"邻于三黜"，情况已经不得而知。不过正好说明这十年所走道路，是多么崎岖不平。然而无论在怎样情况下，他都没有放弃自己应负的责任。他在沭阳任主簿时，生活得异常艰苦。根据他的自记说：

> 做官最微贱劳苦的，莫过于主簿。沂、海、淮、沭一带，周围几百里，凡是兽蹄鸟迹所到地方，都有主簿的职务。……而又常有往来吊问，岁时祭祀，公私百役，十常兼其八九。忽上忽下，忽南忽北，心里懵懵懂懂，昏天黑地，连风、雨、霜、雪的暗、亮、寒、暖，也全不知道。③

可是沈括的年纪还轻，有他自己的抱负，虽然担任这样微贱劳苦的县吏，

---

① 沈括在宛丘作官当是县令，用张荫麟先生说；见所著《沈括编年事辑》，载《清华学报》11卷2期。
② 沈括：《长兴集》，卷13。
③ 同上，卷19，《答崔肇书》。

却没有因此感到泄气。他还是那般孜孜不倦，认真苦干，不避寒暑风雨，努力完成任务。在那里，他兴办过有益农业生产的水利事业，还经历过县民反抗官府的斗争。斗争爆发以后，官府吓得手忙脚乱，急忙调开县令，叫沈括代替他收拾局面。沈括奉命之后，便小心翼翼，立刻执行了安集政策，撤销了一些束缚人民的无理禁约，博得县民好感，一场风波，才缓和下去。①

整治沭水，是他早期从政一项重要活动。沭水是沭阳境内的主河，常和沂水并称。沈括来到这里做官，沭水已长期失修，下游堙塞，河流失去故道，漫衍成为汙泽，附近地区，不时遭受水灾胁迫。他虽然官职卑小，却曾亲眼见到人民起来斗争，对山东地区人民反封建传统，认识得异常清晰。他曾经说过：

齐鲁的人民，天性倔强勇武，平日住在家里，常常屠牛宰猪，拉弓踏弩，不能够没有驾驭的方法。②

一个稍有政治眼光的人，面对着一群"处置小不如理"，便要起来反抗的人民，不能不引为深刻教训，进而讲求驾驭的权术。这样代表地主阶级的沈括，在农民斗争推动下，不能不仔细考虑问题，并要求有所行动，以解救当日地主政权的危机。正是这种思想支配着他，驱使他着手进行一些局部的改革，并驱使他主持整治沭水的工作。

施工的详细情形，已经无从洞知究竟。根据史传记载，全部治沭工程，包括新筑大堤两道，疏导了河身，为"百渠九堰，以播节原委"。经过数万民夫的修筑，沭水的整治顺利完工了。工程完成后，获得了良好的效果，新辟上田七千顷，沭阳面貌也顿然改变。③沈括初入仕途，锋芒小试，便这般崭露头角，不像当时那些碌碌无能的官吏，一味因循墨守，使北宋行政机构瘫痪不灵。芸芸之中，沈括可算是一个出类拔萃的人物了。

---

① 沈括：《长兴集》，卷19，《答李彦辅秀才书》。
② 同上，《上海州通判李郎中书》。
③ 《宋史》，卷331，《沈括传》。

有关圩田的理论和实践

继沭阳治沭以后，沈括又在宁国任上，参加了修治圩田。修治圩田，不单是沈括早期活动中的另一贡献，也显示出他对水利学理论的深刻造诣。当时他参加的，是万春圩的修筑工程。万春圩在今安徽芜湖，原名叫秦家圩，是一片较大的圩田。这种圩田，是适应当地自然条件，由劳动人民积累经验创造的耕作形态。江南处处是水乡，随处有建立圩田的条件。但是人们在新事物面前，容易被旧眼光旧习惯所蒙蔽，对这些事物缺乏客观的认识。就拿圩田来说，在沈括那个时代，许多人就是拿这种态度来对待的。他们总以为把田地围裹在水边，无异于与水争地，会妨碍河道的流行。所以这个圩被洪水冲塌以后，八十年里面虽然不少人提出过恢复的建议，但这些建议遭到了很多人的阻挠。这样这个圩田就得不到恢复，长期在荒废着。

1061年（嘉祐六年）沈括正做宁国县令，转运使张颙等会议兴修，特派沈括前往现场，考察地理形势。沈括到了那里，四面八方进行踏勘，将自然地势绘画成图，回来呈献张颙，极力赞同把圩田修复。修圩消息一经传出，各种非难便纷至沓来，一场激烈的争辩展开了。反对修筑的人，来势汹汹，争吵不绝。一时闹得满城风雨，乌云遮天。但是沈括并没有因此气馁，他理直气壮、十分勇敢地起来辩论。有名的"圩田五说"，正是为着驳斥流行在社会上的各种谬论而发，表达了他在水利学上的卓越见解。它的内容大略是：

第一，有人这样说，当夏秋汛期来临，亟须有广大湖泽来容纳洪峰的汹涌。排去二十里的水面为圩，就会使二十里的水没有归宿，当上流水涨，洪峰泛溢，便会造成水灾，反而得不偿失。沈括反驳了这种说法，认为没有根据。经过他的勘察，汛期来临时水位虽高，但在圩的北界外，就有丹阳、石臼等湖，绵浸三四百里。又当每次水发时，圩的周围也都漫衍成湖，面积像丹阳那样大小的，不下三四个之多。何况在它的西面，更和大江连接，就算划出二十里的水面，用来恢复旧圩，这对洪水的消长，不会有多大问题。

第二，另外有些人说，圩的西南靠近荆山，沿着山麓来作堤防，江水从山峡流过，遭到壅塞，便会直灌山东，造成灾害。沈括认为这种说法，也不符合事实。他说：

我看荆山之西，水流宽广都不及百步，如果将堤岸冲着荆山折筑，这样就让出两百尺宽度，来扩大江面容量，大大减少水流的压力。万一不幸发生壅塞，则障碍产生在荆山之西，水患并非来自圩田。倘使在东方分出支流，便可引导洪水宣泄。有了这些办法，也用不着顾虑了。

第三，有人提出这样说法，认为圩水经流地方，底下必有蛟龙潜伏，以致圩岸容易崩溃。万春圩前身之所以破坏，未尝不是这个缘故。这里沈括便极力破除迷信，驳斥这类无稽谣言；与此同时，他对圩堤崩坏的原因，给以合乎科学的解释。他说，堤岸易于破坏，并非有什么蛟龙作怪，其实是圩水穿堤流出，排在圩岸之外，日子久了，自然会使底下形成水潭。潭愈来愈深，便使堤岸逐渐下塌，不值得大惊小怪。补救的办法，当在下边建筑一道复堤，导引水流冲出几十步以外，然后注入江心。这样把水潭远移至几十步外，自然不会影响到距离较远的圩岸了。

第四，还有人这样说，自从万春圩前身荒废后，在这里纳租从事采菱牧养的人，共计一百多家，一旦恢复成为圩田，要他们停歇和改业，势必迫使他们起来反抗。沈括认为这个理由，是不能成立的。因为圩田如果修复，反正要将来分佃给农民。夺取某些人的土地，转手分配给另一些人使用，这是毫无意义的作法。与其这样，何不让原来在这儿采菱牧养的人，仍到这块圩田来耕种？果真如此，他们定必乐于改业，正如过去自愿在此"菱牧"一般，也就不会起来反抗了。

第五，此外还有人说，圩的东南滨临大湖，堤岸不断被风浪冲击，时间渐久，便难保持坚固。沈括认为这种说法，也缺乏根据。从自然条件来说，这里的地势并非陡峭，只有一道宽约一百多步的缓坡，附堤还种植一行行的杨柳，堤下面长着一列列的芦苇。这样受到风浪侵蚀的部分，要远在大堤百步以外。而风浪冲击，堤岸不是首当其冲。加上堤身基址宽广，厚达几丈；末端逐渐尖削，狭小至不过几尺。堤身不是笔直，堤外又有缓滩，杂生芦苇，水势得到缓冲，便不可能与堤相阻逆，所以风浪之说也是用不着担忧的。①

沈括的论点理由充足，所提的主张也切合实际。事实表明，他不单是个思想进步的政治活动家，而且是一个精通水利的理论家。经过他逐点驳斥，谬论都站不住脚。最后，他的建议被采纳了，一个崭新而坚固的万春圩终于建立起来了。这个著名的工程，是在转运使亲自监督下，由八个县分工，动员了一万四千名民夫，花去八十多天时间，合力建筑起来的。圩的规模很大，正如他自己所记：

> 圩堤宽有六丈，高一丈二尺，长八十四里。夹着堤岸的背面，种植了一排排的桑树，共计若千万棵。圩里面所得田地，共一千二百七十顷，用"天""地""日""月""山""川""草""木"等一千二百七十个杂字来命名。每一方顷的田地，周围筑起了小沟，四条小沟合拢来，成为一区，筑起一条大沟，能容纳两只船并行。……圩的当中，筑起一条通路，长二十二里，北面和圩堤会合，宽可容纳两车并行。……共发出县官的粟三万斛，钱四万。每年收租二十分之三，总共得粟三万六千斛；其他菇、蒲、桑、麻的收入，又可得到五十多万钱。

沈括所记的这幅《万春圩图》，真是一幅劳动人民和自然斗争的写实图！

圩的重新围裹，收到实益很多。地方上再次垦辟出一千二百七十顷土地，又都是位置在水乡之中的上好良田，兼具蓄水、排泄的便利，有抵抗自然灾害的能力。工程完毕后的第四年，长江下游又闹水灾。这次水灾规模很大，受害的地区很广："江、浙、闽、沔间，所在泛入庐舍，流徙皆

---

① 沈括：《长兴集》，卷21，《万春圩图记》。

以万计。"[1] 江南东路宣（今安徽宣城）、池（安徽贵池）等州间，大小一千多圩，惨遭淹没。只有万春圩屹立无恙，并且屏蔽了附近小圩，使它们幸免被洪水吞没。万春圩有这成就，真正是了不起的。不过主持修圩的转运使和判官，都因为这场水灾遭到谴谪。圩田的反对派却多了一个借口，圩田的推广受到顿挫。可是沈括的主张仍旧是坚决的，在这件事发生后，他仍然写了《万春圩图记》，用来广泛宣传圩田的好处。

我们从这篇《图记》，看到了沈括的圩田理论，知道了当时工程进行的详情，和万春圩的约略面貌。他说这个圩南唐以前就有，这是我们看到关于圩田的最早历史记载。他还表白了修圩的动机，说明他具有一种远大的理想。他说：

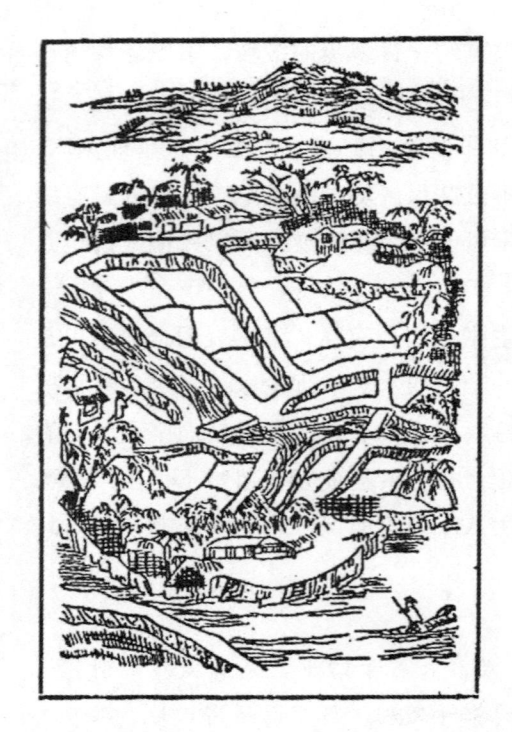

沈括提倡的圩田，和王祯《农书》所说的围田情况是相类的。这是复制王祯所绘的围田图。（此图及其说明为原书所附）

　　江南地区的咸土，象万春圩那样的多至数百，襄、汉、青、徐之间，人口更稀少，他们渡过江南的不计其数。从前凡说到这些土地可耕的，国内都没有人响应。我想使天下人相信这种说法，所以极力修治万春。甚至挑众独任，犯患难而不顾，目的难道只是一个万春圩吗？

这样他在开修万春圩时，已经蓄意把它当作试点，预备向襄、汉、青、徐等地区推广。他的理想如果实现，对提高农业生产会有很大好处。然而新事物的成长，不免要经过一番周折。圩田虽不自沈括时开始，但是它的好

---

[1] 沈括：《长兴集》，卷21，《万春圩图记》。

处尚未为人熟知；要在沈括死后不到半个世纪的南宋，它的利益才广泛被人重视，成为一种优越的耕作制度。沈括在它还没有盛行之先，早就总结了江南农民的生产经验，得出这是一种良好的水利田的结论，还注意到提倡和推广。这说明他的见识广博，对新鲜事物感觉敏锐，都不是同时代一般士大夫所能及。而且他力排众议，参预修筑，终于使万春圩得以建成；事后仍然坚持一贯主张，在文字上广事宣传。这种精神，也足引起后人对他尊敬。

贰

从举进士到提举司天监

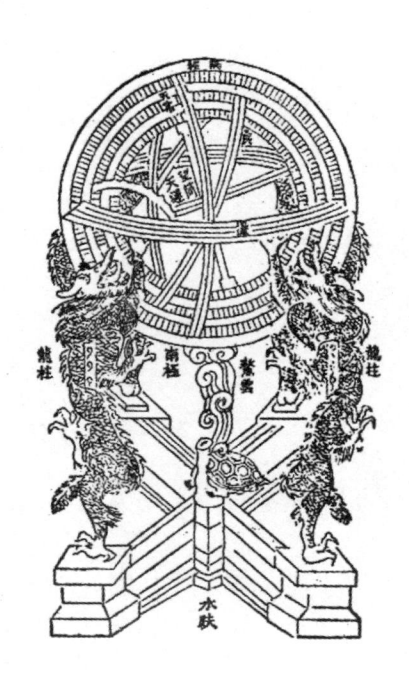

沈括在司天监

沈括的一生，要到举进士以后，才步入更重要的时期。沈括举进士及第，事在1063年（宋仁宗嘉祐八年）。[①]他在及第以后，便出任扬州司理参军，得到上司转运使张蒭的赏识，一见面就和他作竟日长谈，后来有诏令转运使保举所属官员一人，张蒭就把沈括推荐上去。几年后沈括丧偶，张蒭又把女儿嫁给他做继室。[②]大概在1066年（英宗治平三年）时，他入京当编校昭文馆书籍。从这时至1074年（熙宁七年），除了因为母丧守制回乡外，主要是住在开封。这段期间的履历，先后从馆阁校勘累迁太子中允、检正中书刑房公事、提举司天监、史馆检讨、集贤校理、太常丞、同修起居注等本兼各职。其中兼任司天监的时间很长久，他的几个著名的天文学说，都在这时酝酿成熟。

沈括研究天文，是从入京时开始的，那时他在昭文馆里，担任编校书籍。宋代的校书官，职司是校读公藏的书籍，发现错字，加以改正，很多校官并不认真校读，总是用墨涂掉一些字，再把原字注在旁边，当作日课罢了。沈括利用工作清闲机会，抓紧钻研学问。而天文这门学科，直接为当时生产所需要，因为农业继续发展了，人们要求精确地掌握季节的规律。沈括主要的学术活动是，在这门学科已有的基础上，结合生产实践中积累的经验，和他自己的缜密观测，很快就在研究当中，获得深湛的成就。他在昭文馆任职时期，便开始提出一些独立见解，受到人们很大重

---

① 范成大：《吴郡志》，卷28。
② 沈括：《长兴集》，卷29，《故朝散大夫右谏议大夫知应天府兼南京留守司公事畿内劝农使上护军清河县开国男食邑三百户赐紫金鱼袋张公墓志铭》。

视。1072年（熙宁五年），宋神宗指派他兼任提举司天监。① 于是他正式做了管理天文职官。从这时候起，直到后来司天监制造新观象仪完成，才因受到奖励，转右正言司天秋官正。

司天监这个机关，直接隶属中央政府。主要业务是观测天象，推算历书。沈括被指派做这个机构的长官，正因他学有专长，也是神宗因才录用的意思。只是当时监内情况，可以说是糟糕透顶，一些骨干官员，大部分缺乏真才实学，据说"日官皆市井庸贩，法象图器，大抵漫不知。"②全都是些酒囊饭袋、不学无术的庸碌之徒。这样自宋初以来，掌历官员，不是"侈谈玄理"，便是"拘泥术数"，一派腐儒和术士气息。历法虽然变更频繁，但是有所变革，不外凭借演算方法，把各种数据的小数部分累积起来，适应地调节年日，使它和季节相合罢了，很少有人注意到用实测来作根据的。

更加令人愤慨的是，这些不中用的蠢材，不但丝毫不觉自愧，还无耻地妄作非为，把持机构，排挤新进力量。沈括一力推荐入监修历的卫朴，就曾遭到他们的打击。沈括这次入监，摆在面前的任务，是十分艰巨的。要想实现他平素的主张，自然会遇到各种阻力。事实也正是如此，从他到职之日起，直至离开司天监为止，监内外的革新派和保守派，两种势力的斗争，始终异常激烈。沈括刚刚到任，就推荐了新人卫朴。卫朴不过是个

唐代著名天文学家一行（683—727），又称僧一行，本名张遂。他在世界上首次推算出子午线纬度一度之长，编制了《大衍历》，受到沈括的推崇。

---

① 沈括提举司天监，史书未载始于何年。据李焘《续资治通鉴长编》，卷228，熙宁四年十一月丙戌："大理寺丞馆阁校勘沈括检正中书刑房公事。"这时尚未兼此职。同书卷263，熙宁八年闰四月壬寅："终五年冬，……会沈括提举司天监，言淮南人卫朴通历法，召朴至。"原注："五月九日召朴。"据此括监司天监职当在召卫朴前，即熙宁五年时。
② 《宋史》，卷331，《沈括传》。

普通平民，他的起用已够打破惯例；何况沈括还采取了其他措施，例如罢免掉六个饭桶官员，引用一批士人，特为他们开设技术训练班，分五科进行培养，经过一个时期后，分配在监内担任工作。这么一整顿，司天监固然出现一番新的气象，但是攻击沈括、卫朴的人，不免也更猖狂了。

他对当时传统的修历方法，深深感到不满。认为历法不能单靠推算，还须用实测来参验，因此它很推崇唐代著名科学家僧一行。曾说：

  汉代以前制历，一定要用浑仪等天文仪来参验，后来虽有浑仪，而不用于制历，制历的人也不再用仪器考验，以至气、朔、星、纬，都不能知道它们必当之数。直至唐僧一行改造《大衍历》，这才复用浑仪参实，所以他的技术成就，要比其他诸家为多。①

为了彻底改革历法，便需要有准确的观象仪器。因此他把修历的事交给卫朴，自己却把主要时间精力，放在制造一套新观象仪器上。在新仪设计的时候，更将制造的原理，综合他的天文学说，写成几篇历史上著名的科学论文。总的说来，他在司天监干出了不小成绩，站在革新者的一面和保守派斗争，也赢得了很大的胜利。不过在那个时代，沈括的科学天才是得不到充分发挥的，要彻底打垮旧的传统势力，也是不可能的。经过整顿的司天监，在不久以后，便"其弊复如故"了。

---

① 《宋史》，卷48，《天文志》，载《浑仪议》。

几个卓越的天文学说

沈括未入司天监前，已经参加了天文实际工作。他在昭文馆编校图书，就奉命参预详定浑天仪。几个重要的天文学说，也在这个时期创立。他自己记载说，有一次碰到一位官长，向他提出几个天文学的问题，大略是有关二十八宿黄道经度、日月的形状和日月食发生条件等方面的。他率直地根据自己研究的成果回答了。这次问答的内容很重要，里面包括沈括对有几个问题的卓越见解。他对一些复杂深奥的学理，作出符合科学真实的答案，既继承了以前科学家的固有成就，又在这个基础上进一步发展了。在11世纪的时代，这不是一件简单的事情。下面分别介绍这几种天文学说：

第一，沈括用月亮盈亏的现象，来论证日月的形状时，曾经用生动正确的譬喻，创造性地阐明月亮有盈亏的道理。当时官长这样问他：

日和月的形状，到底应该说像一颗弹丸，还是说像一柄团扇？

他在回答这个问题时，肯定了日、月的形状是像一颗弹丸；用现代科学语言说，也就是日月的形状属于球体。为什么是这样呢？沈括在回答这个问题时，举出月亮有盈亏来作验证。他说，月亮本身是不会发光的，它的光原是太阳光的反照。当每月里新月出现时，我们在地面上，望见阳光照到月亮侧面，月光就像一个钩形。太阳离月亮渐远起来，这时月亮受太阳光斜照着，我们便望见它渐渐圆满。好比一颗弹丸，半边涂上白粉后，从侧面看上去，有粉的地方像钩形；要从正面去看，才是一个正圆形，所以知道月亮好像一颗弹丸。① 东汉时张衡曾正确地说明月亮不会发光，月光是太阳光反照的道理。所以沈括这个学说，并非出自首创，他只是发展了张衡等人的说法罢了。但是他能把这个道理给以形象化说明，所用譬喻，直观明显，而且形容得十分贴切，这也是难能可贵的。

第二，沈括对日月食的基本原理，也有过详细的探讨。我国古代天文学家，像北齐张子信、唐代孔颖达等，对于发生日食的规律，都有过精确的发现。沈括在他们的基础上，作进一步的研究，使古代有关日月食的学说，更加充实和完备。那位官长向他提出的问题是：

> 日月的运行，在朔望期间，总是几乎和地球成一直线。那么为什么不是每逢朔望，都发生日月食？

沈括在回答时，科学地说明了这种复杂的关系。当太阳射到地球上的光线，被月亮挡住时便发生日食，日食一定发生在朔的时候。当月亮走到地球的影子里，月亮受不到太阳光，便发生月食；月食一定发生在望的时候。但在朔、望的时候，不一定发生日、月食，这是因为黄道（在地球上每个年份中所看到的太阳所走的轨道）、白道（在地球上每个月份中所看到的月球所走的轨道）并不重合，它们之间成一很小交角。只有在黄道、白道交点附近，日、月、地三个天体，真正或近乎在同一直线上，才有可能发生日、月食。

他用简炼的语言，来解释这个道理说：

> 黄道与月道，如二环相叠而小差。凡日月同在一度相遇，则日为之蚀，正〔在〕一度相对，则月为之方。虽同一度，而月道与黄道不相近，自不相侵；同度而又近黄道、月道之交，日月相值，乃相陵掩。②

---

① 沈括：《梦溪笔谈》，卷7："日月之形如丸。何以知之？以月盈亏可验也。月本无光，犹银丸，日耀之乃光耳。光之初生，日在其傍，故光侧而所见才如钩，日渐远则斜照而光稍满。如一弹丸，以粉涂其半，侧视之则粉处如钩；对视之，则正圆。此有以知其如丸也。"
② 沈括：《梦溪笔谈》，卷7。

跟着他又指出日月食有深有浅，这是根据他们在食限内的位置，距离交点远近而决定的。他说：

> 正当其交处则蚀；而既不全当交道，则随其相犯浅深而蚀。

这就是所谓"食分"。据现代天文学知识，黄、白的交角是 $5°9'$。朔时太阳位置若在黄、白道交点 $15°21'$ 以内，必发生日食；距离交点 $18°31'$ 以上，则不能发生日食。望时月亮位置若距离交点 $3°45'$ 以内，可能发生月全食；距离交点 $12°15'$ 以上，则不能发生月食。这就是所谓的"食限"。当然沈括的知识远不能达到这个水平，他的话说得很概括，也没有举出任何数值。但是他已经初步运用日、月距离交点的远近，来说明食分的大小，这在精神上，和现代科学的原理完全是一致的。

此外，他还记录了日月食过程的观察，对初亏至复圆等食相，食必起于西方的过程，有着详细的描写，把它记载在《梦溪笔谈》里。

第三，有关交点退行的学说，是沈括天文学成就里面一个重要部分。日、月轨道的交点沿着黄道向西移动，也就是逆着月亮本身运动的方向移动，这是太阳吸引力对月亮的作用所形成。月亮每运动一周，交点移动约 $1°5'$。经过十八年零七个月，交点旋转整整一个圈，这时白道又回到原来位置，这就是交点的退行。沈括在讨论了日、月食之后指出：

> 交道每月退一度余，凡二百四十九交而一幕。

他发展了前人的学说，指出每月交点后退一度多。虽然古人把周天分为 365.25 度，他所说的一度和今天计算的一度不同；而二百四十九个交点月只相当于十八年零六个多月；因而所计算的每月交点后退度数，和采用的交点运动周期，还不能像今天那样精确。但在九百年前，计算所得已经那么近似，这种成就是不容我们忽视的。

主持修《奉元历》

《奉元历》的编修，是沈括提举司天监时一桩大事。北宋修改历法次数，极为频繁，每一个皇帝在位，都颁布过新历。只是更换虽多，历法依然有差误，不能符合天文实际。沈括以前采用过的历法，计有《应天历》《乾元历》《仪天历》《崇天历》《明天历》等五种。它们行用的年份不一，多的达四十年，少的只有十年。一般来说，约行用二十多年，便须更换一次。为什么会出现这种情况呢？据沈括的分析，根本原因是没有实测作为根据。而且沿用唐代《大衍历》法计算，又因年代久远，朔法差误，无人纠正。他曾经指出过，《大衍历》朔法虽比较完善，但到熙宁中已经差迟五十多刻。当时历官无能，不懂这个道理，一味因循守旧，结果形成"岁未五更，历凡再弊"[①]。例如《崇天历》推算，1068年（熙宁元年）七月望夜的一次月食，到那一天观察，就一点也没有应验，造成一次极大差误。

早些时候，便发觉历法有问题，神宗曾命历官修造新历，迟迟没有成功。沈括入监兼职以后，推荐了精通天文数学的卫朴，担任修历工作。沈括领衔主持，并专心观测天象，二人通力合作，终于在熙宁八年闰四月，修成和颁用新的《奉元历》。《奉元历》以 365.24358500 日为一回归年（太阳接连两次通过春分点所需时间），拿来和现在实测的 365.2422 日比较，虽然大了一些，但是比较以前所行宋历，都要接近实际。它又以 29.530588 日比较，也是大了一些，却不如《明天历》接近实际。

新历修成后，神宗命沈括写了一篇序言。那篇进《奉元历序》的表文，至今还存在他的集子里。可惜序言已经失传，否则他的历法理论，当

---

① 沈括：《长兴集》，卷13，《奉敕撰奉元历序进表》。

苏州石刻天文图。南宋黄裳所制,为现存世界上较早的大型石刻实测星图之一。

有更多流传下来,让我们可以看到。但是,这个新历行用到1094年(绍圣元年),仅仅经历十九年,也和它的前驱者一样,便被摈弃了。《奉元历》在短期中废罢,说明在那个时代,虽有沈括坚决主张革新,卫朴的精湛技术,而这个历法终于没有达到理想。关键所在,正因他生活在这样一个封建时代,腐朽的官僚政治势力不容许他们真正有所作为,正义难以伸张,真理常遭埋没,改革受到百般阻挠,给新历种下了先天不足的病根;它的精密程度,自然要大打折扣。

事实经过如后:当沈括主持修历时,司天监内外展开一场激烈的斗争。反对修改历法的,首先拿改定朔法为题,企图在根本问题上推翻新历,来势汹汹,新历大有胎死腹中的危险。当时卫朴极力主张,要使历法精确,必须移改《大衍历》的闰朔法,将熙宁十年天正元,由午时改用子时,闰十二月改为闰正月。但是这个主张提出后,便遭到各方面的攻击。反对派提出的理由是,新历的气至还没有显验可据;这么一来,卫朴的主张受到阻挠,几乎不能贯彻。然而赞成改革的人们,态度是坚定的,他们建议来一次实地试验。实验是这样进行的,用日晷来测定立春、立冬两个节气的日影,看看是否和历法推算相符。结果要将旧朔法提早五十多刻,两个节气的日影,才显出是长短相同。事实胜于雄辩,反对的人也没话可说了,修改历法的大原则,这才被确定下来。

其次在修历法上,也引起了争端。沈括、卫朴等人认为,必须从观察五星运行情况入手,来验证所推日历。这个主张无疑地十分正确,如果得到实现,修成的历法定可超过往日水平。但是那批无能的历官,是不会接

受这个办法的,他们纷纷反对起来,兴风作浪,不惜向卫朴施行人身攻击,正如沈括所说:

> 卫朴造历,气朔已正,但五星没有候簿可验。前世修历,多半只拿旧历增减,未曾实考天度。实验的方法,必须每夜分昏、晓、夜半三次,测验月亮和五星所在度秒,用簿子登录起来。五年期满后,别除云阴、昼见等日子,实数可得三年,然后用算术来缀计,古人叫做缀术。但当这个时候,司天监的历官,都是世族相承,挂名食禄,本来没有懂历的人。他们妒忌卫朴本领高强,便都群起向卫朴攻击,屡次扇起大狱,虽然始终不能动摇卫朴地位,但是候簿也至今没有置成。①

读了这段记载,我们知道斗争不止停留在口头辩论,而且还掀起过政治迫害。当时究竟起了一些什么大狱,现在已无从得知。但单从这点来看,这场纠纷似乎就闹得不小。

新历终于修成了,卫朴本人没有受到损害,但新历因为缺乏实测基础,卫朴的本领并未充分施展,据他自己估计,才不过使出了十分之六七。这一回合,到底还是改革派失败了。很自然地,这种"别无天象文籍参证,止据前后历书详酌增损"的历法,被迫还是走回老路,不免仍有许多差漏的地方。又因卫朴的推算无论如何精审,修城的新历也不可能尽善尽美。因此《奉元历》很快就出现了问题,在颁行的第二年,正月望的一夜,本来算好的月食,竟致又不应验了。反对派又乘机发难,宋廷也向修历官追究责任。沈括这时已经离开司天监,却毅然挺身而出,替卫朴和新历法辩护。② 他提出一个补救办法,令天文院学生用浑仪、浮漏、圭表测验,每日记录天象,交原撰历人用新历参较,如有未尽善的地方,即令审行改正。③ 神宗采纳这个建议,《奉元历》没有被一脚踢开,卫朴第二次入监修历,经过一年多后,重修工作才告完成。而这次沈括复勘的经验,到

---

① 沈括:《梦溪笔谈》,卷8。
② 王应麟:《玉海》,卷10,《乾道历》条。
③ 李焘:《续资治通鉴长编》,卷272。原文学生作学士,今据《宋会要辑稿·运历》一之9改正。

南宋时还被人提起，再度援例采用。①

新历没有立即被抛弃，总算是沈括争来的胜利。平心而论，重修得仍然那么仓促，复勘的实测工作又未认真执行，自始即受到重重牵制，《奉元历》没有达到应有水平，也不算是宋代最好的历法，这也毋庸讳言。到重修以后十二年，即1090年（宋哲宗元祐五年），又发生所算冬至落后一天的误差。②尽管这样，这个历法还是具有它的特色，当时也曾博得若干好评。宋神宗就曾说过：

> 提举司天监近校月食时分，比《崇天》《明天》二法，已见新历为密。③

沈括自己的估计，也正是那样：《奉元历》虽未达到理想，依然是个比较令人满意的历法。④

沈括死后一百八十六年，他那根据实测来修历的主张，才获得了实现。当1281年（元代至元十八年），我国另一个天才科学家郭守敬，修成著名的《授时历》，就是根据了沈括一再提倡的，数据依靠实测得来。《授时历》是一个进步的历法，它所用的回归年周期，比地球实际公转周期，只差26秒，和现在国际通用的公历周期一样。说明沈括的历法贡献，不限于修《奉元历》，而且他又是《授时历》的先驱。至于他提出一个完全推翻旧法的创议，则将留待后面再谈。

---

① 《宋会要辑稿·运历》一之12—13。
② 王应麟：《玉海》，卷10，《元祐观天历》条。
③ 李焘：《续资治通鉴长编》，卷287。
④ 沈括：《梦溪笔谈》，卷18。

改制新观象仪

沈括在司天监的另一大事,就是制造新的观象仪器。为什么要重制新的观象仪呢?主要的原因是,当时所用旧仪很不精确,不能适应考正星历的要求。北宋政府本有两套观象仪,一套放在司天监,一套放在翰林天文院。当沈括做司天监提举官时,发觉这些仪器有很多缺点,总的说来,不是失之构造简单,便是繁复不切实用,其中甚至有"疏谬不可用"的,司天监的浮漏就是那样。为着更准确地观测天象,推算历法,便有改造仪器的必要。沈括在1073年(熙宁六年)六月,提出重造浑仪、浮漏以后,同监的提举公事陈绎,曾亲到浑仪台检视旧仪,经过权判丁洵等详定。他们仔细研究后,认为如果只在旧器上修修补补,虽亦勉强可以使用,但是要消灭疏谬,考正星历,那就办不到了,因此同意另行改制,并先造成小的模型。陈绎等奏请改制的节略事目有:

一、司天监见用浑仪尺度,与法要不合,二极赤道四分不均,规环左右距度不对,游仪重涩难运,黄道映蔽横箫,游规璺裂,黄道不合天体,天枢内极星不见。今若因旧修整游规稍轻,二极赤道四分均停,规环左右距度相对,游规无璺裂,其余仍旧。

一、天文院见用浑仪尺度,及二极赤道四分各不均,规环左右距度不对,三辰游仪重涩难运,黄道、天常环、月道映蔽横箫,及月道不与天合,天常环相攻难转,天枢内极星不见。今若因旧修整,三辰游仪稍轻,二极赤道四分均停,规环左右距度相对,天常环、月道不蔽横箫,其余仍旧。

一、新定浑仪,改用古尺均赋星辰度,规环轻利,黄赤道、天常环并侧置，以北际当天度，省去月道今〔令〕不蔽横箫，增天枢为二度半以纳极星，规环二极各设环枢，以便游运。①

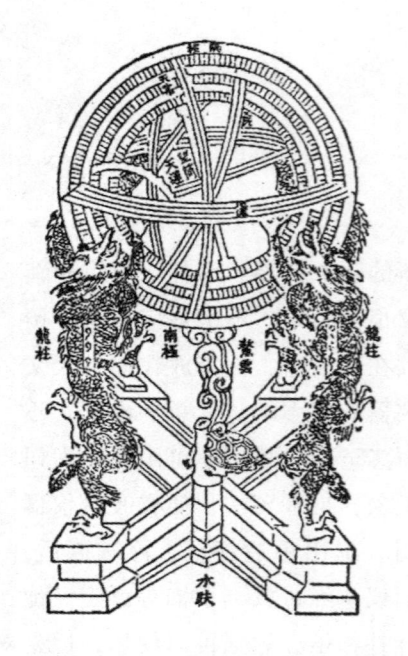

这个事目就是沈括勘察和研究的结果。从这里可以看到司天监和天文院的浑仪，毛病很多，也作了适当修整；而沈括的新仪，无论在尺度、黄赤道、天常环、月道、规环等各方面，都进行了大胆的改革。这个事目上奏后，得到神宗的批准，即令依照新样造好，将来安置在司天监里，测验比较疏密。

其次他还制造了新的浮漏。我们从他所作的《浮漏议》一文，可以看到沈括所制漏壶的概略。这种漏壶由上而下，包括三个播水壶和一个受水壶，次第叫求壶、复壶、废壶和建壶。求壶、复壶的作用，在于播水。复壶的旁边装设支管，用来调节壶中水量。支管下面安放废壶。复壶水缺时，上面求壶随时添水进来，水多了便从支管排泄出去，溢出的水分流到废壶里。建壶是放在最底下的，它的作用在于受水。壶中放置着箭舟，舟上有箭叫刻漏箭。水长舟浮，漏箭上出；水盈舟尽，则将水外泄。对漏壶上安置的漏管，沈括曾加以改革。唐人吕才和北宋燕肃，所制的漏壶都用曲筒管子，安置在壶的上面。沈括所造的浮漏，却将曲筒管子改装成直颈玉嘴，而且把管子位置移至壶体下部。这种新式装置，不能说不是重大的改革。

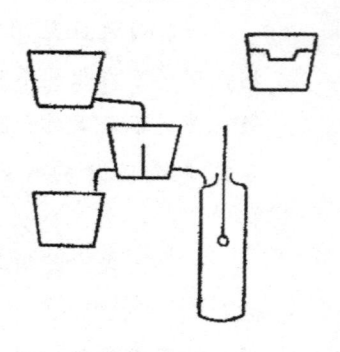

此外他还制造了测日影的铜表。总之，沈括造观象仪，对旧制更改很多，自非那些一味

浑仪（此图及其说明为原书所附）

沈括制造的漏壶示意（此图及其说明为原书所附）

① 《宋会要辑稿·运历》二之2。

墨守绳规的历官可以比拟得上的。这正是他的大胆革新精神的表现。同时在新方案制定后，他还先试制小的模型，经过反复研究，方才正式施工，那么他在制造新的仪器方面，也是非常慎重的。经过一年光景，新制浑仪、浮漏、影表完成。在迎阳门呈献那天，神宗郑重其事地，亲自率领大臣，前往参观了这副新仪，还向沈括询问一些有关问题，沈括便把更改的情由，一一对答了。

《浑仪》等三议：科技史上的重要文献

为了说明改制仪器的原理，沈括写成了著名的《浑仪》《浮漏》《景表》三议。实际上"三议"的内容，已远远超出这个范围。它不但说明改制仪器的原理，把他几个重要的天文学说包括进去；还将许多天文学的错误理论，一一加以辩证。因此这三篇论文，虽然是沈括用来说明他的仪器的，但里面却包含有丰富的内容，把它称做我国科技史上的重要文献，可以当之而无愧。其中第一篇叫《浑仪议》，沈括在这篇论文中，首先说明周天度数及赤道、黄道之度等基本理论。其次叙述古今仪象之法，自《虞书》记载、郑康成、洛下闳、贾逵、张衡等人说到皇祐中（1049—1053年）改铸铜仪。最后将古今说法不合理的十三事，一一批驳辩论。这是一篇内容很丰富的论文，在"三议"当中，也是最重要的一篇。

浑仪是古代用来测定天体的仪器，历代掌管天文的官员，都把它当作主要的观测仪器。沈括在论文中先说明了浑仪的用途，历史演变沿革，然后说明自己的主张，改制浑仪的原理和方法，并将前人所造所说的，有不合理或不便使用之处，逐条加以讨论。根据这篇论文，可以知道沈括改制的浑仪，曾经作了多方面的改革。其中最重要的措施，莫过于取消月道环和放大窥管口径两事了。为什么要取消月道环呢？据他自己的申述，是因为：

> 今月道既不能环绕黄道；又退交之渐当每日差池，今必候月终而顿移，亦终不能符会天度。[1]

---

[1] 《宋史》，卷48，《天文志》，载《浑仪议》。

换句话说，仪器上虽有月环，但却不能正确显示月球公转轨迹，和交点退行的科学原理不适应。又因为它掩蔽了仪器中的窥管（即望筒），所以"当省去月环，其候月之出入专以历法步之"。与其虚设而不能实际应用，在未曾觅得合适方法以前，爽性将它取消，这样的处理方法，原是英明果断的。

不过在他的反对者看来，自然认为这是多此一举了。当沈括在政治上失势后，新的浑仪便招来一阵毁谤，被说成是沈括"以意增损，器成数年不能定，与浮漏、景表不应"[1]。因此在1082年（元丰五年），又重新铸造了一副，而沈括所制新仪，便遭受摈斥。尽管那样，但直到南宋铸造天文仪器时，沈括所提倡的方法，有的还被采用，那时所铸浑仪不设白道仪，就是仿照熙宁以后浑仪的制法。[2]

为什么要放大窥管口径呢？窥管是贯在浑仪中心的观测天象仪器，系浑仪的一个重要组成部分。"今铜仪天枢内径一度有半，乃谬以衡端之度为率。若玑衡端平，则极星常游天枢之外；玑衡小偏，则极星乍出乍入。"[3]就是说窥管所能看到的视场太小，如果只有一度半，那么对准赤道北极（天极不动处）观测时，管内是看不见极星的；如果对准了极星，那么极星也不能常留在窥管之内，"以此知窥管小，不能容极星游转"。沈括在司天监时，便逐渐放大窥管口径，每夜用它观测三次，每次把看到的极星方位，分初夜、中夜、后夜分别填入图内。经过三个多月的连续观察，总共绘制成图二百多张。最后把窥管口径前端，放大到能见视场七度，把窥管对准北极，管内便经常可以看到极星。这次新制浑仪，就是参考这个经验进行改革。

《浑仪议》在天文学理方面，也有精辟的论述。首先，他对中国在地球上的方位，极星在天球上的位置，都科学地加以说明，有力地驳斥了"中国于地为东南""天极不当中北"的谬说。关于前一说，他用地面定方向的原理作论据，指出"日之所出者定为东，日之所入者定为西"[4]。地球

---

[1] 王应麟：《玉海》，卷4，《元丰浑仪法要》。
[2] 《宋会要辑稿·运历》二之16："旧制有白道仪，以考月行，在望筒之旁。自熙宁沈恬〔括〕以为无益而去，南度〔渡〕更造，亦不复设焉。"
[3] 《宋史》，卷48，《天文志》，载《浑仪议》。以下解说参见《梦溪笔谈》，卷7。
[4] 《宋史》，卷48，《天文志》，载《浑仪议》。

上所用方向，是根据地球的自转或天球的周日运动，日出的方向为东，日没得方向为西，真正的东是地球自转的方向，真正的西是和地球自转相反的方向。而日出日没的方向，全世界各地无不相同。人们"徒见中国东南皆际海"，便以为是在地球最东南角落，其实完全是一种错觉。

关于后一说，他利用唐代南宫说等人测量北极高度结果，在不同纬度的地平面观察极星，可以看见它离地面的高度不相同：从低纬度渐向北，极星位置离地面愈高。从安南都护府到浚仪（今河南开封市）太岳台，两地相距六千里，而北极高度相差十五度。依此推算，走到地球最北端时，看到极星必然会正当天顶。所以认为天极不当中北的说法，是很难站得住脚的。其实极星也并非真正在北极，南朝时天文家祖暅，早就观察到极星距离北极，约有一度多。沈括也进行了观察，经过三个月观察以后，知道极星的位置，总在以北极为圆心的一个圆上，离北极有三度多。所得的结果，和祖暅时又不相同。

此外，他对月球绕地球运行的规律，也有正确而形象化的说明。月球绕地球公转，同时又跟着地球绕太阳共同回转，这样月球在天球上所走路线，必然合并了这两种运动，共同绕着公共重心，沿地轨前进。因此在一年里面，月道的真迹，是在地球轨道近傍，纡曲蛇行，成为波浪纹的形状。沈括说："月行周于黄道，如绳之绕木。"他用绳绕木杆作比方，显得惟肖惟妙，可说生动而又贴切。

第二篇论文叫《浮漏议》。沈括在这里介绍了他自己所造的漏壶，并且说明制造的原理。所以这篇论文，又是我国天文史上讨论漏壶的重要文献。漏壶是古代测定时刻的仪器，历代制法颇不相同。沈括所制的一种，是参考了历代的体制，再加上自己的创见而成。他在《梦溪笔谈》一书中提到：

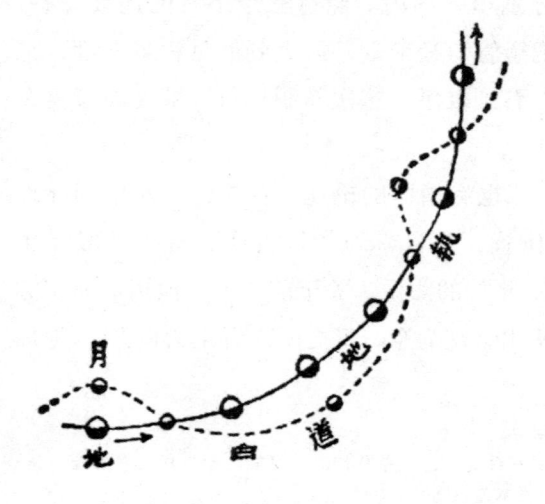

月球对太阳的运动曲线（此图及其说明为原书所附）

  古今谈到刻漏的几十家，都非常疏谬。历家谈晷漏的，自《颛帝历》到今天，见于世上称做大历的，凡二十五家，他们步漏的技术，都不合乎天度。我曾占天测影，以至验于仪象，考数下漏，凡十余年，方粗见真数，成书四卷，叫《熙宁晷漏》，都不是袭蹈前人的旧迹。①

  读了这段记载，知道他对漏壶很有研究，既有实践，也有理论，他还著成专书，自认不是剿袭前人旧说。这就说明《浮漏议》所载的漏壶体制，是经过他独立思考以后所得，绝不是像反对派所说那样随意增减。这种漏壶的规程，有许多地方直至清代，基本上还被因袭着。今天在故宫博物院里，还保存有清代漏壶，制造的原理，就是由沈括那种漏壶改进而来。②

  沈括的浮漏，播水的部分，分成求壶、复壶、废壶。求壶的功用在于播水，复壶却兼有平水作用，而废壶就是分水壶了。采用这种办法，能够保持水的平衡一定的压力，这样在播水时，既不会"力强而疾"，也不会"力乏而迟"，就能收报时准确之效。道理很简单，但合乎科学。清代所用浮漏，原理都是一样的，不过播水部分，却增加了一个壶，即除日天壶和夜天壶以外，更多出一个平水壶罢了。平水分水的设备，沈括以前就有；玉嘴直颈龙头，却是他开始试用的。为什么有这样改革呢？他在论文里面谈到，因为"直则易浚，附于壶体则难败"。而龙头嘴上的作料，"非玉则不能坚良以久"。可见改革原因，是为了使水流舒畅，防止尘沙水碱，将壶嘴塞结；同时也为了坚固耐久。可惜沈括离开政府后，就有人提出"玉不如铜"的理由，排斥了他的玉管漏壶，而代以新铸的漏壶。③ 可是我们看到清代的漏壶，仍然采用沈括创制的方法，将玉嘴直颈的漏管，安置在壶体下部。

  因为制造漏壶的缘故，他进一步发展了张子信、一行等有关太阳视运动不均匀的学说。太阳在黄道上的运动速度，并不是均匀不变的。一行已经观察到，太阳在冬至时速度最快，以后便逐渐慢下来，到春分时速度

---

① 沈括：《梦溪笔谈》，卷7。
② 参考徐文麟、李文光：《清代计时用的水漏壶》，载《文物参考资料》1958年第7期。
③ 王应麟：《玉海》，卷4，《元丰浑仪法要》。

平，夏至时最慢。夏至以后的运动速度，正好和这个相反。沈括根据这个学说，进一步解释真太阳日和漏壶的关系，澄清了前人一些错误认识。他把这个成果，载在《梦溪笔谈》里面：

> 下漏家常患冬月水涩，夏月水利，以为水性如此，又疑冰澌所壅，万方理之，终不应法。予以理求之，冬至日行速，天运已〔未〕暮，而日已过表，故百刻而有余；夏至日行迟，天运未〔已〕暮，而日已〔未〕至表，故不及百刻。既得此数，然后复求晷景漏刻，莫不吻合。此古人之所未知也。①

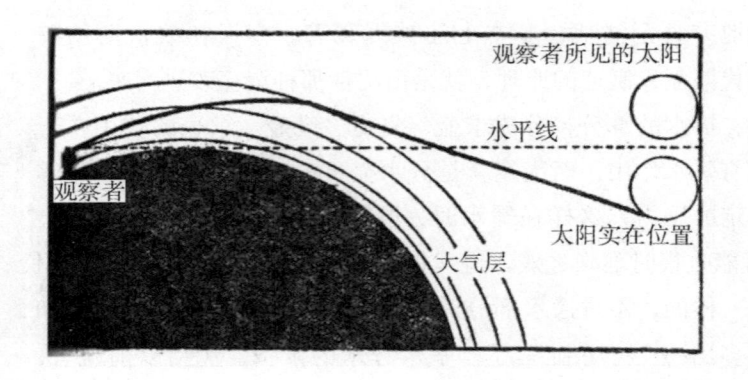

因蒙气差的缘故，观察者所见天体方向和实际方向不一致。（此图及其说明为原书所附）

古代用浮漏来定时刻，看见冬至的一天最长，夏至的一天最短，不懂得日行有迟速的道理，总以为是因漏壶中水的关系，想了许多办法，浮漏还是不能和日影吻合。经过沈括研究，才知道这是冬夏一昼夜长短有不同，和水流的缓疾没有关系。这在当时来说，是一个很有价值的发现。

第三篇论文叫《景表议》，内容主要在讨论用圭表测定日影的技术。它和《浮漏议》同被编入沈括的《熙宁晷漏》一书中。《熙宁晷漏》现已失传，只有这两篇奏议还在。在《景表议》一文里，他介绍了制造圭表的原理，和所用测影定向的方法。他在测影的时候，看到蒙气差现象，每天随着阴晴风雨，变作无常。为着使得所测的影，能够符合太阳出没的实际，他提出一个崭新的方案，要用三个候影表来观测影差。可见沈括的测

---

① 沈括：《梦溪笔谈》，卷7。

影技术，已经很周密。蒙气差就是天体发出的光，从没有空气的空间，进入地球大气时，所发生的光线折射。后秦的天文家姜岌，发现了天体的视高度比真高度大，和这种差别随地平高下而不同的原理。太阳愈近地平，则蒙气差愈大，渐高渐小，到了天顶便没有蒙气差。他用"地有游气""地气不及天"①等来作学理解释。沈括用"浊氛""烟气尘坌"等来说明蒙气差现象。更进一步观察到，观测时看到的天体方向，因光线折射缘故，也和实际方向不一致：天体在地平界以下时，上升得比较实际早，降落时也比较实际迟，以致"入浊出浊之节，日日不同"②。他把这个原理，载入《景表议》中。不但丰富了蒙气差学说的内容，而且告诉我们他在测量日影时，也将这种因素估计在内。由此可知，在当时的测影法中，沈括也作出了重大贡献的。

---

① 《隋书》，卷19，《天文志》。
② 《宋史》，卷48，《天文志》，载《景表议》。

叁

参加王安石的变法运动

沈括的政治思想

上文谈到沈括生活的年代，曾经对北宋前期的社会，作过简单的鸟瞰。总的来说，宋代建立了整整一个世纪，封建国家积贫积弱的局面，已无法掩盖。土地问题的严重，横征暴敛的苛刻，专制政治的腐败，促使社会矛盾走向深刻化，引起北宋政权的危机。农民革命的总爆发，形势愈来愈迫近。他们的斗争，正是"一年多如一年，一火强似一火"①。早在993—995年王小波起义时，农民军已明白提出"均贫富"的口号，表示了他们迫切要求土地的愿望。现在农民和地主、和封建国家的对立，越来越激烈，地主阶级想照旧统治下去，已经非常困难了。这样到11世纪中叶，在阶级斗争震慑之下，北宋的地主阶级士大夫，便纷纷要求改革政治。

继范仲淹等变法失败，二十年后，以王安石为首的部分官僚们，又提出了新法的创议。他们代表了中下层地主，试图通过改革的办法，一面改变国家的贫弱现状，一面给大地主以适当限制，解除农民若干困苦，来达到缓和阶级矛盾的目的。这样，就出现了一次规模较大，范围比较广泛，开始于神宗熙宁时代，由王安石领导的变法运动。

沈括并非出身在一个显赫的家庭，平常自命为"安于贫贱"。从父亲一辈到他本人，都依靠做官食禄维持生活。他在二十一岁以前，跟随父亲游宦南北，也可以说饱经世故。父亲死后，又做过几任地方官吏，官卑职小，一直过着勤劳朴素的生活。这样，他就受到较多的社会教育，看到社会上的深刻危机，对农民的穷苦生活，逐渐有了感触。但他毕竟是封建社会中的士大夫，和范仲淹、王安石等一样，跳不出时代和阶级的圈子。他

---

① 欧阳修：《欧阳文忠公文集》，卷100，《再论置兵御贼札子》。

范仲淹（989－1052），字希文，北宋著名政治家、军事家、文学家。宋仁宗庆历三年（1043年），以参知政事之职，与枢密副使富弼、韩琦等主持改革，史称"庆历新政"。但因触犯了保守派利益，受到猛烈攻击，历时仅一年多即告失败。

认为只要通过改革的办法，组织一个开明的政府，凭借它的权力，裁抑兼并，兴修水利，减轻赋税，富国强兵，就可以解决社会危机，挽救地主政权于垂亡。

和王安石诸人的接近，也给他的思想带来有力的影响。他和王安石订交，是比较早的。他父亲沈周逝世，归葬钱塘龙居里，墓志铭就是安石作的。安石上《仁宗皇帝言事书》后五年，沈括便举进士。他在外任期间的政治活动，和当时士大夫要求改革的呼声，应当说是气类相同互为感应。可惜他的著作散佚不全，不能看出他的思想全貌。就我们现在所知，他的著作虽也反映出社会的现实，揭露了当时的社会矛盾（详见下文第七章），但还没有像王安石那样，提出一套系统的改革政策。尽管这样，我们从他的言行中，还是可以看到他的政治思想，和当时许多士大夫相同，他最常论述的课题，也侧重富国、强兵、安民等几个方面。

针对北宋中期政治经济情况，他在富国问题上，主张一面发展生产，一面节省财用。要发展生产，就要使人民安其居，乐其业。他研究了孟子的井田方案，虽然没有看到他赞美的辞句，但是不难看到，和其他学者一样，他所以致力于研究这个方案，主要意图就是幻想回复土地国有制度，按一夫授田百亩的办法解决土地兼并问题。这自然只能是一种空想。对于劳动力的利用，他明确地主张："治世之民，无职则耕，未有无事者。"[①]以为凡是有能力劳动的人，都应该投入生产，才能使地无遗利，人无遗力。和王安石所说的，"因天下之力以生天下之财"，同是一个道理。

---

① 沈括：《长兴集》，卷32，《孟子解》。

他非常欣赏孟子所讲的"什一之赋",赞扬宋初实行减免赋役的政策,附和孟子"征商自此贱丈夫始"的主张。可见他认定苛征暴敛和商人垄断居奇,都是妨碍生产发展的因素,同样应该反对。实行孟子所说的政策,就可以减轻中下层地主、自耕农等等的过重负担,制止富商大贾之流操纵物资物价,达到提高农业生产的目的。农民最低限度的物质生活,能够有所保障;同时,地主阶级对剩余生产品的榨取,也有所增加。他在实践当中,最留心水利事业,早期在沭阳、芜湖,和后来在两浙、河北地区的活动,无疑地都是在这种思想指导下进行的。

王安石(1021—1086),字介甫,号半山,北宋政治家、文学家、思想家。宋神宗熙宁二年(1069年),出任参知政事,开始改革,史称"王安石变法"或"熙宁变法"。与范仲淹等人的"庆历新政"相比,王安石避开了吏治问题,将改革重点放在理财方面,以减少变法阻力。但因诸多主客观因素,变法最终还是失败了。

对于节省财用,他一方面主张各级当权人物,应当在政事上措置得宜。他引用唐代理财家刘晏的事例,说刘掌理漕计,数百里外物价高低,能够即日知道,这是一件了不起的事情。[①] 他又赞扬了宋真宗时丁谓修建宫室,决开汴河筑堑的故事,认为既可取土、运材,最后还做了抛弃灰砾的场所,"一举而三役济,计省费以亿万计"[②]。在这种思想支配之下,当他做馆阁校勘考定郊礼沿革时,便重定了南郊礼节。根据新的制度,每次所省费用,便以上万计算。[③] 可见沈括所提主张,绝不是一种泛泛的空阔之论。

另一方面他认定这个问题的解决,还在于统治阶级克制自己的奢侈享受,以减省国库的开支。他说:

[①] 沈括:《梦溪笔谈》,卷11。
[②] 沈括:《补笔谈》,卷2。
[③] 《宋史》,卷331,《沈括传》。

人之情无节则流，故长幼贵贱，莫不为之节制。从流而下，则狎于鄙慢；从流而上，则乐于僭侈。①

这个所谓"节制人情"的主张，对劳动人民说来，含有诱导他们压抑物质欲望，甘心忍受饥饿生活的说教作用。但对上层统治阶级来说，当冗费已经成为财政上的严重问题，而社会上还不断出现那些"懵然愚骏，殆不分菽麦，而奉养如此（豪侈）"②的寄生虫时，要求大人先生们减省无谓的消费，就有其积极的意义。

说到强兵问题，他认为关键所在，是兵精粮足。要想兵精，应该着重训练。恢复宋初那种严格制度，就属必要的了。他曾说：宋太祖禁止禁兵穿着长过膝盖的衣服，买鱼肉和酒入营门的都有罪。又制定更戍法，使他们习惯山川劳苦，屏除妻子乡土的恋念。又令京师卫兵请粮，兵营驻在城东的，到城西粮仓请领，驻在城西的到城东粮仓请领，不许雇用车子脚夫，必须自己动手搬运。这是一种很好的锻炼方法。③ 训练之道，阵法也是离不了的；训练好的士兵，还须配备精良的武器。所以他也研究阵法，讲求利器。例如参加讨论《九军阵法》，研究古代战车、边疆城防，和当时广泛使用的铁甲、神臂弓之类武器。他对于北宋边防的巩固，也有自己的看法。

要想足粮，应该改进运输工作。他说："凡师行，因粮于敌，最为急务。"而运输工作是艰巨的，"故军中不容冗食，一夫冗食，二三人饷之，尚或不足"④。因此他得出结论，要使粮食供应充足，一面须减少军队粮食消耗，以减轻运输负担；一面可采取就地征集、就地生产的有效措施。例如他在河北边区一带，主张"因陂泽之地，潴水为塞"，以增加粮食生产。结果用这办法开垦了许多良田。⑤ 此外他又提倡实行"博籴"等三法，募商人在边区"入中粮草"，请领茶钞，使"边粟常充足，不为诸郡

---

① 沈括：《长兴集》，卷32，《孟子解》。
② 沈括：《梦溪笔谈》，卷9。
③ 同上，卷25。
④ 同上，卷11。
⑤ 沈括：《梦溪笔谈》，卷13。

分裂。"①

他又继承我国古代儒家思想的传统，发挥了孟子的仁政思想。他复述了孟子所说的"桀纣之失天下也，失其民也；失其民者，失其心也"。这是从地主阶级利益出发，主张君主去争取民心；要得民心，就要用"善政善行"来达到目的。所以沈括又说：

> 仁言不如仁声之入人深也。声，闻也；善政善行，作于此而闻于彼之谓声。②

只有实施"作于此而闻于彼"的"善政善行"，才能争取得农民对他的支持，才能缓和阶级矛盾。

有亚圣之称的孟子（约前372—约前289），名轲，战国时期邹国（今山东省邹城市）人。他提出的推行"仁政"的主张，对沈括影响颇深。

这虽然只是局部的改革，但客观上含有一定的进步因素。

在用人方面，他提出上层统治人物，应该"贤明知能"，要"自抑黜其聪明，以与四方从容切磨"③。要求打破大地主垄断政治，政权向中、下层地主开放。一面又号召各个地主阶层，联合成一条战线："于此之时，天下之贤者，宜各尽其所闻；不肖者相率而听职乎执簧秉籥下士之列，以发宣赞扬天子之宏业盛事。苟力之所能者，不宜有所辞。"④ 各人应尽自己的力量，维护和巩固北宋王朝，来挽救面临的严重局势。他的这个号召，虽然旨在维护北宋地主政权于不堕，但在客观上，对联合中小地主和其他中间阶层，向势力庞大的大地主作斗争，也起了促进的作用。

---

① 同上，卷11。
② 沈括：《长兴集》，卷32，《孟子解》。
③ 同上，卷20，《与张舍人论乐书》。
④ 沈括：《长兴集》，卷20，《与蔡内翰论乐书》。

— 49 —

参预变法运动

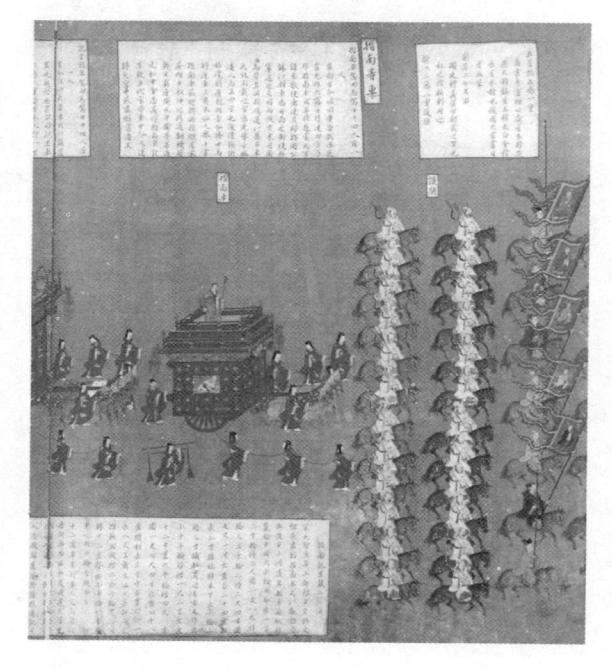

宋人所绘《大驾卤簿图》（局部），表现了宋朝前期郊祀大典之隆重。宋神宗时，沈括对郊礼进行了适当简化。

沈括的思想，既和王安石有共同的地方；而他们的订交，又为时甚早，熙宁年间，大多数日子里，他们一同在京做官，受宋神宗的信任。因此在政治上引为同调，那是非常自然的事。沈括任馆阁校勘时，曾奉旨考定郊礼沿革。上面所说他重定南郊礼节，革除这个典礼中的许多浪费，编成为《南郊式》，就是这个期间所为。史料上记载说，1068年（熙宁元年）合祭天地，神宗"悉罢游观，遂减彻门阙亭苑，省草木禽兽千七百余事"[①]。当即接受沈括的建议。

王安石执政时，正遇沈括丧母，回到钱塘守制。等到终丧后回汴京，那时已是熙宁三年了。安石的变法运动，正在积极展开。沈括加入这个运动，当从这个时候开始。回京后第二年，迁任太子中允、检正中书刑房公事。检正诸房公事，原是中书新设属官，品秩虽然不高，可是权柄却很

---

① 《宋会要辑稿·礼》二八之72。

重。沈括这次迁官，是否由王安石推荐，没有明文可考。不过这个时候，沈括已担当起新法的参谋，所以后来他的政敌蔡确，才有这么一说：

> 朝廷新政规画，巨细括莫不预。其于役法，讲之固熟。①

尽管蔡确旨在诬陷沈括，所说的话难免有点夸大；然而沈括自始至终，热烈参预变法运动，这是事实所证明了的。当时人都把他看作安石同党，并且认为他是安石的亲信，不是没有理由的。②

为了说明沈括参预新法活动，得先了解王安石变法运动经过。下面将这个运动的概略，编成一个简要年历：

1069 年（熙宁二年）
  二月，王安石参知政事。
    陈升之、王安石制置三司条例，议行新法。
  四月，遣使诸路察农田水利赋役。
  七月，立淮、浙、江、湖六路均输法。
  九月，行青苗法。
  十一月，颁《农田利害条约》。

1070 年（熙宁三年）
  五月，罢制置三司条例司，新法悉归司农寺。
  十二月，改诸路更戍法。
    立保甲法。
    韩绛、王安石并同中书门下平章事。

1071 年（熙宁四年）
  二月，罢诗赋及明经诸科，以经义、论、策试士。
  十月，罢差役，使出钱募役。

---

① 李焘：《续资治通鉴长编》，卷283。
② 毕沅：《续资治通鉴》，卷81，元祐四年梁焘论蔡确密具王安石亲党三十人，沈括名列第十五。

立太学生三舍法。

1072 年（熙宁五年）

三月，以内藏库钱置市易务。

五月，行保马法。

八月，颁方田均税法。

1073 年（熙宁六年）

三月，置经义局，命王安石提举，吕惠卿、王雱同修撰。

八月，置军器监。

十月，因王韶复熙、河、洮、岷、叠、宕等州，神宗赐王安石玉带。

1074 年（熙宁七年）

正月，军器监上所制兵械，皆精利。

四月，王安石罢相，吕惠卿参知政事。

九月，开封府界、河北、京东西路分置将副。

1075 年（熙宁八年）

二月，王安石复相。

六月，颁王安石《诗》《书》《周礼》三经《新义》于学官。

十月，吕惠卿罢知陈州。

罢手实法。

1076 年（熙宁九年）

十月，王安石罢判江宁府，以吴充、王珪并同中书门下平章事。

王安石罢相后第二年，沈括便离开政府，出知宣州。新法年历，可以编到这里为止。

安石执政快两年，沈括并未在京，否则派往各地视察水利人员，大概总少不了会有沈括。等到丧服期满返回京师，这时沈括所见的气象，和离开时已经迥然不同，王安石将拜首相，许多新法已先后公布，对于正在壮年时期的沈括，自然是莫大的鼓舞。这促使他销假视事时，很快就卷入变法的浪潮里，参加制定新役法的讨论。王安石推行新法，在制定前经过充分筹备，绝大多数还有过一段实验时期，这才正式付诸实施的。募役法的制定，态度尤其谨慎，反复讨论，将近三年。直至沈括转官前一个月，才正式颁布。所以沈括参加役法的研究，应当是在最后一年里面。可惜这样一个重要活动，除了出自蔡确的口，更无别的记载。到底沈括在讨论时，起了怎样的作用，详细情形，不得而知。但是回忆他在沭阳的时代，已经注意到摇役太重的害处，后来为了维护募役法，又复力争除去下户役钱。从这些事实看来，他在制定这项新役法的过程中，必然也作出过相当贡献。

第三章　参加王安石的变法运动

疏浚和测量汴渠

此后五六年间,他不但是新法的设计者,还是忠实的执行者。直至后来,尽管王安石对他发生了误会,他还是始终不渝地在支持新法。晚年住在镇江,所著书中,仍然表露出爱护新法的精神。可见他忠实于这个运动,是前后一致的。他参加过的具体工作很多,下面只能介绍一些主要的项目:首先是汴河的水利建设。汴河水利是王安石农田水利法的重点项目,淤田和开浚又是工程中的两大部分。淤田是将河水冲下淤泥,放在两岸咸卤的田地上,靠着淤泥的肥沃,使碱土变成良田。这个项目动手较早,熙宁二年十一月,条例司所拟《农田利害条约》颁布后,秘书丞侯叔献,首先建议引汴河淤田,经过两年多光景,已经得到不少成绩。熙宁五年沈括奉命治汴,顺带视察沿汴淤田。诏书上面写道:

> 司农寺出常平粟十万石,赐南京、宿、亳、泗州募饥人浚沟河,遣检正中书刑房公事沈括专提举,仍令就相视开封府界以东,沿汴官私田,可以置斗门引汴水淤溉处以闻。①

可见他以"专提举"的身份,负的是双重任务。浚修的范围包括南京(今河南商丘)、宿(今安徽宿县②)、亳(今安徽亳县③)、泗(今江苏盱眙北)等州汴道;视察的地段包括开封府以东,凡是可以建筑闸门引水淤溉的处所,都要调查清楚据实上报。

这次调查的结果,已经无从知道。但是我们可以看到,以后淤田的规

---

① 李焘:《续资治通鉴长编》,卷238。
② 安徽宿县,现为安徽省宿州市埇桥区。——编者注
③ 安徽亳县,现为安徽省亳州市谯城区。——编者注

模愈来愈大，五年之后，有人引河水淤京东西沿汴田九千余顷，又有人在开封府界淤田八千七百余顷。这些成绩的取得，和沈括的调查可能有相当的关系。另外，沈括此次出行，对于淤田这个问题，和保守派展开斗争，也具有特殊意义。因为在沈括奉命前夕，政府里面正进行着一场激烈的辩论。都水监因淤田司侵越了职权而叫嚣，反对新法的人正在向水利法展开各色各样的攻击：有人捏造淤田淹没庄稼房屋的谣言；有人讥讽说它像纸一般厚薄；甚至有人把不相干的兵变，硬拉扯到淤田头上。他们从各个方面，猛烈地向淤田法围攻。神宗和王安石亲自起来应战，摆出事实和道理，对谰言加以驳斥。沈括调查的结果，自然有助于新派的论据。不久以后，无稽谣言也逐渐平息，淤田的进行，愈来愈顺利。①

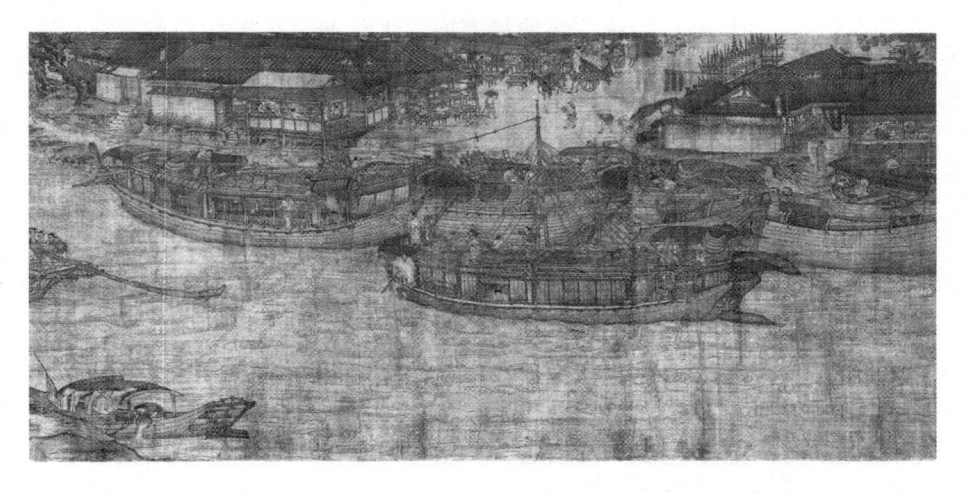

北宋张择端所绘《清明上河图》（局部）。据专家统计，图中的汴河上，有大小船只二十余艘，几乎都是漕船与商船，可见当时汴河漕运的发达。

汴渠的疏浚，是北宋长期以来迫切需要解决的问题。北宋建都开封，仰赖汴河漕运，来充实太仓蓄积。因此汴河漕运，不可一日不通。从前多引陂泽沟渠清水入汴，所以汴道"沙行而不积"；北宋时水源专恃黄河，加上日久不曾疏浚，以致泥沙淤积，河床渐高，河水常常壅溢，影响京师漕运，关系自非浅小。沈括曾经说过，宋初修浚汴渠，动员京畿辅郡三十多县民夫，每年举行一次。1008—1016年（大中祥符）以后，改为三年疏

---

① 参考《宋史》，卷95，《河渠志》，《河北诸水》条。

浚一次，但仍令京畿民官，兼领沟恤河道职责。后来河工逐渐废弛，县官只带河道虚名，汴渠曾经二十年不浚，长期堙垫的结果，便形成京城东水门下至雍丘、襄邑，河底都高出堤外平地一丈二尺多，由汴堤下瞰民居，如同在深谷一般。①

这样汴河在沈括时，已经危险万状。黄河挟带的大量泥沙，沉淀到汴渠河床，日久失修了，不但水高于田，容易溃决；而且汴口年年闭塞，河流涨落不均，一年通漕只有二百多日，影响到京城人民的经济生活。熙宁四年，在变法领袖的主持下，开凿訾家口失败，于是导洛通汴，被提到日程上来了。这次沈括出差，虽然奉命浚河，也要做开凿汴洛运河的准备工作。具体的任务是：测量汴河下游地势。疏浚汴河的详情和所收效果，现在都已不可得知；但在测量汴河地势方面，无论测量技术和开凿运河，沈括都付出了巨大贡献。

测量的地段，是从汴京上善门起，至泗州的淮口止，总共测量了八四〇里一三〇步；这正是汴河最紧要的地段。为着使测量结果更精确，他认为单靠水平、望尺、干尺等仪器，仍然会发生微小差错。为了避免差错，他创造出一个新的测量方法，即采用分层筑堰的测量法。这个方法，利用分层建成的梯形堤堰，引水灌注入内；然后测量各级水面，将各个水平面的高度相加，它的总和就是"地势高下之实"。拿现在眼光看来，这个方法虽然还不能说顶好，但是如果所筑的堰很平直，那么大的差错是可能避免的。值得我们注意的是，沈括这次测量，不仅是平面测量，而且是地形测量。这种地面高下的测量，在世界历史上，沈括以前从未有过。他不但是首先尝试的人，而且所得结果也非常细密。根据他的报告，汴河下游沿岸地势，京师附近，要比泗州高出十九丈四尺八寸六分。当时的尺未必很精密，但是测量所得高度，计算单位细到寸分，说明沈括态度顶真，可说是一丝不苟。尤其在那个时代，更是十分难得的。②

这次汴洛运河没有修成，主要倒不是因为反对派的阻挠，而是因为运河所经，需要开山凿岭，工程过于浩大。以后直到沈括离开政府，汴河问题依然没有解决。1079年（元丰二年），在范子渊领导下，劳动人民终于

---

① 沈括：《梦溪笔谈》，卷25。
② 参考竺可桢：《沈括对于地学之贡献与记述》，载《科学》第11卷第6期。

把这条运河修成功了。这条名叫"清汴"的运河修成后,对汴河水利确有许多好处。单从"清汴"这个名字看来,就可以略知一二了。史料的记载说:

> 其后清汴成,……波流平缓,两堤平直,沂行者道里兼倍,官舟既无激射之虞;江淮扁舟四时上下,昼夜不绝,至今公私便之。①

黄河旧口的封闭,减少了泥沙淤塞,汴河的情况,自然也就好转了。范子渊曾经指出清汴十利,颇能说明问题。② 其中比较重要的是,每年节省一笔开塞汴口的经费,京师汴堤不再有冲决之患;汴河四时行流,终年可通漕运;更可使京、洛和东南沟通,便于物资交流。从清汴修筑价值,可以看到沈括这次测量的意义。沈括测量的成果,对清汴的设计和兴筑,一定起着重要的作用,应当是毫无疑问的。

---

① 李焘:《续资治通鉴长编》,卷297,注。
② 《宋会要辑稿·方域》一六之11。

相度两浙农田水利、差役、兼察访

1073年（熙宁六年）六月，沈括又奉命前往两浙，任务是：相度两浙路农田水利、差役诸使，并兼察访。这次东南之行，《宋史》说是因为沈括上书建议说：

  浙西泾浜浅涸当浚，浙东堤防川渎湮没当修，请下司农贷缗募役。①

其实这和事实是不符合的。沈括这次出使，自有其特殊原因。那时两浙地区，正在郏亶兴修水利半途而废，政府议论未定的时候。郏亶是个水利专家，他提倡在苏州筑圩岸围田，得王安石的赏识，但受到在苏置有大量田地的吕惠卿和当地豪族地主之流的反对。他们以"兴役扰民"为借口，把郏亶提举两浙兴修水利官职罢去，宣布停修两浙水利。安石虽拗不过惠卿，内心却赞同郏亶的建议。因此有必要派遣得力人员，到那里视察究竟，并处理水利善后工作。沈括这次出行，是得到安石一力保举的。安石对神宗说：

  括是本土人，熟悉当地的利害；性情也谨密，应当不敢轻率从事。②

沈括在新党里面，是新法的忠实执行人，富有水利建设经验，而且又是钱塘人，正是一个适宜人选。

《宋史》所载沈括上书，其实是他在奉命之后提出的。《宋会要辑稿》记三司八月三日上言：

---

① 《宋史》，卷96，《河渠志》。
② 《宋会要辑稿·食货》七之26。

> 浙西诸州水患久不疏障，堤防川渎多皆堙废，今若一出民力，必难成功，乞下司农贷官钱募民兴役。①

这是三司对沈括建议所提意见。沈括开始辟官相度，也是在这个时候；沈括本人，要到这个月才南下经过高邮（今江苏高邮）。② 及至来到两浙，和当地转运使等长官，早晚一道商量，筹划兴修水利，前后达半年之久。③ 此外他还到过苏、常、温、台、明等州视察，约在第二年四月后，才返回京城。④ 他一到那里，便召募饥民来兴修常、润州的水利。另一项工程是，苏、秀等州湖水、泾浜的疏浚。他组织当地人民，将松江由太湖至海，凡五汇四十二湾，一一加以开浚。⑤ 一方面仍在苏州筑岸围田。⑥ 又在温、台、明等州兴筑堤堰，围裹东部近海的土地耕种。⑦ 根据《农田利害条约》，一般的水利工程，依靠民力自办；只有大规模的工程，才特别请款兴修。沈括这次在两浙，得到允许动用"陂湖遗利钱"，说明兴工范围比较广泛，工程也比较浩大。这些工程的完成，对以后两浙农业的发展，当然有它的积极作用。

沈括奉命出使，名义是相度水利、差役兼察访，因此他的职务并不限于建设水利，还要过问政治得失，替地方兴利除弊；特别对于新法执行的情况，应该尽一个作为朝廷耳目官的责任。经过查勘的结果，他发觉隐漏税课、诡名挟佃的情形，各州县普遍地存在着。光是常州无锡一县，逃绝和诡名挟佃的，便有五千多户，而苏州长洲县户长，赔纳税钱有至二百多贯，情况不能说不严重。王安石新法项目中，有叫方田均税法的，原来正是针对这种弊病，用丈量土地确定民户土地占有情况，来打击豪族官户

---

① 《宋会要辑稿·食货》七之27。又李焘：《续资治通鉴长编》，卷246，说是沈括上言，与此不同。
② 李焘：《续资治通鉴长编》，卷247，九月二日。沈括奏立两浙敛散法，署衔"相度两浙路水利"，这时沈括当已在浙，启程当在八月辟官相度之后。南下过高邮，见沈括：《长兴集》，卷27，《万年县君许氏夫人墓志铭》。
③ 李焘：《续资治通鉴长编》，卷256。
④ 《宋会要辑稿·食货》七之27载，熙宁七年四月八日，诏令沈括委选官吏勾当修筑两浙遗利田，则括是时仍在两浙。又括自言与两浙监司日夕聚议凡半年，考括在六年八月过高邮，半年聚议另加对各地视察，则返京当在七年四月以后。
⑤ 李焘：《续资治通鉴长编》，卷247。《光绪嘉定县志》，卷6，《水道》。
⑥ 同上，卷254。
⑦ 《宋会要辑稿·食货》七之27。

地主的逃税，将投寄在他们名下的民户搜括出来，叫他们负担封建国家的赋役。当时两浙地区没有实行括量，所以有这种严重事实。沈括一面选派官吏逐州根查，一面定出隐漏人户"自首"办法。地方官如能尽心查究欺瞒隐漏，可以将功抵过，更不问罪；隐漏户如能依期限"自首"，也可一律免去追究。[①] 后来执行的结果，虽然不可确知，但是根据整个方田法看来，沈括这个措施，自应收到应有的成效。

某些额外科敛，也因沈括的请求而得到免除。苛征暴敛的撤销，相对地减轻一些人民负担，也是有益的事。例如两浙每年负担的上供帛，达九十八万匹之多，本已十分沉重；后来发运司假借名义，又在上供岁额以外，增加䌷绢的预买，每年十二万匹，实际是一宗额外附加，对人民讲来，显然增加一副重担。沈括在视察期间，看到人民负担很重，便奏请朝廷罢免，"以宽民力"。经沈括提出后，两浙人民，总算将这笔额外负担摆脱掉。[②] 他又建议设立和籴仓，定出敛散办法，来救济贫苦农民，以免在青黄不接期间，大地主大商人乘人紧急，贱买贵卖，加重对农民的剥削。[③] 这一措施，和王安石青苗法的精神是一致的。

为了整顿地方行政效率，他又建议把两浙路分为东、西。为什么要这样划分呢？据熙宁七年四月上书所提到的原因是：

> 察访到浙东的温、台等州，自从熙宁四年以后，监司没有来巡视过，州县事废弛，无人点检。因监司只驻在浙西，乘船往来，文移旁午，指挥不一；以致州县无所适从，远民没有地方赴诉，而近郡却又困于送往迎来。想请求把浙东、浙西分为两路。[④]

朝廷采纳沈括的建议，果然将两浙分成两路。这个新的划分，以后虽一再复合，但是到了南宋便固定下来，所以这次划分，是南宋两浙路分成东、西的权舆。此外他还奏请在两浙排定保一甲，这件事将留待下面再说。

---

① 李焘：《续资治通鉴长编》，卷249。
② 同上，卷251。
③ 同上，卷247："相度两浙路水利沈括言：'浙人以治田为生，所入甚广，急欲得钱，贱粜于有力人家，迨春夏阙食，又从有力之家贵籴。今欲立敛散法，且于一、二州置和籴仓，候其成绪，以渐推行，庶不致伤农。'从之。"
④ 李焘：《续资治通鉴长编》，卷252。

巧谏登记民车、官卖蜀盐

让我们暂时离开变法，来叙述一段有名的佚事，作为本章的插曲吧。这段佚事，发生在沈括从两浙回京以后。经过他和宋神宗的一次谈话，使神宗撤销了两项有害的措施。其中第一项是登记民车，这时宋辽正因边界问题发生交涉，北方防务非常吃紧，战争危机迫在眉睫。神宗为着防备万一，竟派宦官在各地登记民车。人们不明究竟，害怕官府没收车辆，一时议论纷纷，引起极大骚扰。朝廷大臣接二连三，请求停止执行这个命令，神宗一味执意不允。沈括知道这一件事，但是一直没有做声，他在等候一个适当机会。有一天因为修起居注关系，单独和神宗在一起谈话，神宗却首先问他：

"不知外间登记民车的事，卿可曾听说？"

"听说过的。"沈括回答。

"那么你的意见呢？"神宗问。

"不知道陛下登记民车，要来何用？"沈括反问他一句。

"北人擅长骑术，常常用马队取胜，要抵御骑兵，非用兵车不可！"神宗回答。

"真的，万一敌骑来袭，百姓们妻儿老小，房屋、田园、坟墓，都不能保全。钱财杂物，会一概遭到抢掠。区区一辆车子，自然也保不牢的了，还有什么可以留恋的呢？何况陛下只不过把它登记起来，并没有实行征取，这又何妨呢？"沈括说。

"你说得一点也不错，但是外面那些人，为了这件事，竟然唠唠叨叨，议论不休，真真岂有此理！"神宗听见沈括那样说，心里感到很欢悦。

但是沈括还在往下说："车战的好处，古书上有明白记载，这全都是真的。不过我还弄不清楚。古人所用兵车，叫做轻车，五御折旋，利其轻

宋朝解州的池盐场（采自宋人苏颂《图经本草》）

快。今天民间所用运输车，重大椎朴，用牛拉曳，一天走不到三十里。稍微下点雨雪，便要跬步不进。一般人管它叫太平车，只有在太平时还好使用，恐怕一上战场，就不行了。"

一席话把神宗说得恍然大悟，这个充分的理由，终于把神宗说服了。

接着，君臣们的论题又转到第二项问题——禁盐问题上去。本来蜀盐是没有官禁的，市易司为了扩大政府财政收入，建议更改四川盐法。他们主张实行禁盐，填塞私商盐井，再运陕西的解盐入川供食，进一步垄断四川的盐利。这项措施原来是很不合理的，但是神宗却坚决要照市易司的计划执行。大臣们议论的很多，但始终没有打动神宗的心意。这一天神宗又向沈括问道：

"西蜀禁盐的好处，卿又可曾听说？"

"也略知一二。"

"这件事情怎样？"

"填私井，运解盐，实行官卖，无疑是一个省刑罚、笼遗利的好法子。只是一件：目前忠、万、戎、沪等州夷人地界，小井很多，这类小井，恐怕一时很难禁绝，如果实行官卖，以后必须在那些地方，放哨加警，经营耗费很大，恐怕盐利所得，补偿不了。希望下令管理财政的大臣，和边疆官吏计议，比较得失多少，然后执行。"

神宗听了这番话,也觉得点头称是。第二天,就把已经决定的民车、蜀盐两项政事,都收回成命。沈括在谈话里面,用言语来打动神宗,做成了许多人没有成功的事,沈括的聪敏机智和善于辞令,一时传为官场美谈,为大家所佩服。[①]

[①] 本段叙述,参考李焘:《续资治通鉴长编》,卷255。

第三章 参加王安石的变法运动

察访河北西路

1074年（熙宁七年）这一年，因为北宋在河东增筑堡垒，契丹统治者乘机要挟，向宋廷提出抗议，因而引起边界纠纷。神宗对此不能不心存戒备。这年八月，沈括再度奉命出京，做河北西路察访使。用察访名义北行，大约是为了避免惹起辽人的注意。其实沈括的使命，主要是视察和整顿边防，从后来他的活动中，就可以看出大概。他在河北半年左右，逗留到次年二月。在这半年期间，他巡视边境，加强了边防军事设施。据说朝廷接受他对河北的建议，多至三十一事。所订办法都很具体，也能切合实际。对于保卫那个地区人民的正常生活和经济发展，都起着一定的作用。但也不能否认，他所拟的许多措施，比较偏重于消极的防守，还缺乏积极性的建设。也有部分主张，现在看来还颇有问题。不过当时宋、辽争端已经发生，北边防务日形吃紧，无论如何在加强防御这一点上，沈括是有贡献的。而且讲求富国强兵，原是新党领袖的愿望。尽管他的办法多属临时性质，但是如果能在防御契丹中起着应有的作用，那也是符合新法精神的。

沈括在河北的主要活动是：挖掘陂塘，修筑城防，组织保丁，创立坊市等等。内中着意最勤的，要数开决塘泊一事。宋廷利用水淹来阻挡契丹侵袭，是几十年来赖以苟安的传统办法。这个办法，在一定期间内造成障碍，阻止对方迅速深入，以便于争取调集兵员的时间，原是可以收到效果的。因此不能因它不能最后阻防，便给予全盘否定。当然，如果把它当作唯一的或主要的防御手段，那就恐怕无济于事了。沈括在河北的各项筹划，有这样一种思想在指导着，他说：

我以为兵家之利，在于攻其不备，出其不意。我在本路日夜研究，那几项是边防上想来疏忽的，应当事先对它作好防备。①

所以沈括开筑塘泊，也挑选防务上比较薄弱的地点。这是非常正确的。

沈括开筑的陂塘，多半利用旧有塘泊修建，有的是恢复，有的是扩充。例如保州（今河北保定）、顺安军（今高阳东）以西的陂塘，在三十年以前，便筑堤壅水成泊，后来逐渐废堙，变成了"通途旷野，荡然四达"。沈括建议将它修复，成为这一带三十多里地方的障碍。他还绘画了地图，开具详细的措施项目，呈献给朝廷。后来在屯田司阎士良主持下，完成了这项工程。② 在深州（今深县③南）北面有个徐村淀，原来也是"淀渊相属"的，现在却成为"町衍大陆"了。这个水淀的干涸，使得深州以北失去了掩护，契丹骑兵可以长驱直入，迫近州城。沈括建议决开徐、鲍等河，引水注入淀内。神宗叫他自遣官吏营建，经过两年时间，就将横贯五十里的陂塘完全修复。④ 定州（今定县⑤）有个海子，原来是城北的大池。为了巩固北面城防，阻止来自北方的攻势，沈括将海子的面积扩大，让它伸展到西城。⑥

兴建这类工程时，并不是一帆风顺，没有经过斗争的。沈括开挖陂塘主张，曾经受到各方面的反对。有人对塘泊的军事价值表示怀疑，认为对方如采决塘办法，把塘水流放掉，很快就可以越过障碍，使它的防御效用消失。沈括驳斥这种说法，他说：

> 横五十里地注为塘泊，决堤泄水使它干涸，非一个月的时间不能办到。而塘水的流溃，往往注入契丹境内，达几百里。塘泊间多是沮洳，不容徒步或骑马。这样正好用来困契丹，不会给我们造成困难。⑦

---

① 李焘：《续资治通鉴长编》，卷260。
② 同上。
③ 河北深县，现为河北省深州市。——编者注
④ 李焘：《续资治通鉴长编》，卷260，注，引沈括《自志》。
⑤ 河北定县，现为河北省定州市。——编者注
⑥ 沈括：《梦溪笔谈》，卷24。
⑦ 李焘：《续资治通鉴长编》，卷260，注，引沈括《自志》。

又有人以为陂塘侵夺民田，将会影响国家税收，减少边粟的积蓄，因此提出反对。事实的答复是，陂塘所占地面，并不都属上好美田。即使有些地方，果有较多熟田，北宋政府为了保障地主阶级利益，可以采取收买或交换等措施，来补偿土地所有者的损失。同时塘泊附近土地，自开塘以后，得到河水淤淀，又有灌溉之利，都变而为良田。如定州海子展筑后，形成一片广大的稻田，清波弥漫，颇类江乡。此外还可收到鱼、蟹、菇、苇等利源。① 这样看来，粮赋损耗的说法，也是不能成立的。

沈括对修筑城防，也作了新的部署。着重点在于分清缓急，在边防地位是不是紧要。他建议在边防紧急处兴工，在他的主持下，召募缺食民户修筑了深州城，展筑了赵州（今赵县）城。② 又改建了沿边烽台，使它的高下疏密程度，符合军事需要，澶州位在河南北交通枢纽，大河横贯东西，上面驾着浮桥，是军事上必经之路。为着保护这个紧要的津渡，沈括请求添置防火设备，以防奸细破坏浮桥。此外他又建议在定州以北，选择契丹出入道路，先据地利安置营寨，以便于有警时发奇兵遮击。这些措施，对充实河北沿边守备，都是起了作用的。

不过有些事实，看来似乎还不能说没有问题。特别是他反对开发边地富源，认为这无异于资敌。元氏县本有银矿，转运使拟置官开采，沈括表示反对，他认为旧日银城县坊城俱已陷入契丹，一旦契丹统治阶级也学会采矿，对宋廷每年赐送的银子，就不再感到那么稀罕，这就会影响到已经订立的和议，战争必将从这里开始。他又反对在定州以北种植榆柳，请求把"数以亿计"的树木，全部给砍伐光。理由是榆柳虽可

位于今河北省廊坊市永清县的宋朝"地下长城"。由于宋朝长期未能完全收复幽蓟十六州，致使华北平原无险可守，因此在宋辽边界，宋朝采取了其他防御措施。如利用池塘、河流阻拦辽兵的"水长城"，在地下构筑的防御工事"地下长城"等。

---

① 沈括：《梦溪笔谈》，卷13、卷24。
② 李焘：《续资治通鉴长编》，卷258。

建成寨栅，以防御北方袭击；但却容易落到契丹手里，被他们得到之后，也可用来抵御矢石，或伐木材以为梯冲，反而加强了他们的力量。这种消极论调，和他平日言行，未免自相矛盾，显得极不相称。害怕生事的心理，是当时士大夫苟安思想的反映。如果说开发边疆富源，或者建筑防御工事，都会反而变成资敌，那么沈括在河北开塘、筑城、建置营寨甚至练兵，又应当怎样来估价呢？显然，他的思想中有这些糟粕，多少受了士大夫普遍流行的屈辱思想的影响。不过我们必须认识到，这并不是沈括的主要一面。

推行义勇、保甲

沈括两次察访,都在当地推行了保甲制度。保甲法从 1070 年(熙宁三年)开始实施,最初在开封推行,后来扩展到京东、京西、河北、河东、陕西五路,逐渐推广至全国。这种制度的实行,一方面可以防止农民起来反抗,另一方面还可以用"民兵"代替"募兵",来改革当时腐朽已极的募兵制度。这样保甲对加强统治阶级在农村的统治,就提供了有利的条件。沈括对这点是清楚的,他察访两浙时,曾在州县清查出许多诡名挟佃,和它使官府赋役减耗的事实。他认识到推行保甲,对根括漏户,检查隐冒,很有帮助。于是,他就在 1073 年(熙了六年)八月上书说:

> 两浙州县,民多以田产诡立户名,分减雇钱夫役,冒请常平钱斛,及私贩禁盐。乞依京东、淮南排定保甲。保甲一定,则诡名漏附,皆可根括。以至请纳和买、常平钱斛、秋夏苗税,及兴调夫役、捕察私盐贼盗,皆有部分,不能欺隐。[①]

这样保甲的推行,对北宋统治阶级好处很多,不但可以多收租税,增加国家府库收入,还可以在摇役的征集、捕盗、缉私以及其他政策的执行方面,更加顺利。保甲法对统治阶级有很多好处,自然会得到宋神宗同意。当时,保甲法正在各地推广,具体执行的情况,虽已不可获知,但两浙地区的保甲制度,应当就是这个时候开始的。可能是沈括的奏疏,促成两浙编排保甲的实现。

他在奉命察访河北时,又接受措置保甲的兼职。1074 年(熙宁七年)

---

① 李焘:《续资治通鉴长编》,卷 246。

八月，神宗有一道手诏说：

> 河北已排义勇、保甲，集事之初，全在得人，专心经画后，乃可收其实用。西路以知制诰沈括，东路以龙图阁待制曾孝宽提举。凡缘保甲职事官属，悉听举劾，仍许不以时遣官，或亲按视检察。①

可见沈括所负使命，在于使保甲法执行得更好。朝廷赋予他的权力很大，凡一路保甲之事都总其成。后来又奉诏察访所至，把按视教阅义勇保甲列为重要职守。沈括到河北后，经过巡视检察，对于编练保甲的经费、操练、管理等事宜，都有过条陈经画。其中收效最显著，和保甲法有关的有这样两项：

一是严格执行入保制度，将人民组织起来，"设旂鼓兴召之令"，给予军事编制。仍在交通要道上设立关卡，目的在阻止丁口的逃亡。这样当战火蔓延时，人民就不致有奔溃流离的现象，而且经过训练之后，整个河北西路，便可增添百万边兵，正是一举而两得。至于训练民兵，应当采取民族的传统，根据自己的擅长，提高弓箭技术，以"射远入坚"为标的。

二是创立坊市制度，凡是在边城邑，内外居民，必须分坊相处，设墙为门，有一定的启闭时刻。坊民都有户籍，出入都有条禁。这样做，可使边疆城邑，秩序日趋安定，并能防止奸细混入，加强防御力量。当时执行的结果，颇能收到实效。这个经验，以后曾被推广至熙（今甘肃临洮）、河（甘肃临夏市）、岷（今甘肃岷县）等州。②

1075年（熙宁八年）闰四月，为了加强边区保甲编练工作，朝廷特为河北、河东、陕西等五路义勇、保甲置官，将保甲一职，从安抚使属下分出来，每三五州便差在京有职事官一员提举。在新任的十几个特置官员中，沈括名字列在第一。他分管的地段，是河北东路的大名府、澶、恩（今河北清河西）州。这次朝廷委派他，当和他在河北西路推行保甲的成绩有关。不过任职的人都是兼差，而且属下有"勾当公事"一员，也毋须长期驻在那里，只要不时派出下属前往视察，每年亲往巡按一次，便算尽了自己的职责。③

---

① 李焘：《续资治通鉴长编》，卷255。
② 同上，卷261。
③ 同上，卷263。

兼判军器监

在河北尚未还京，1074年（熙宁七年）九月，他又被委任兼判军器监。军器监是一个新的机关，为了加强生产军器、实行军事改革而设，这是新政的基地之一。第一个判监事的，是新党重要领导人物吕惠卿。这次沈括派了这个兼职，是接替另一重要人物章惇的职务，从这点看来，变法派对他是器重的。后来在八年五月，也有过类似的事情，这次王安石推荐他做详定一司敕令所的详定官。这个职务，神宗本想安石自己担任，安石觉得事情太多，无暇兼顾，便荐沈括和李承之自代。这两件事情清楚地告诉我们，到这时候，沈括在变法运动中，已扮演了非常重要的角色。说他是新法队伍中的骨干，倒不算有什么过分。

沈括什么时候离开这个兼职，已经没有明白记载了。我们只知直至八年秋天，到八月里他还兼着此职，可能是在十月权发遣三司使时方才罢去。果真这样，他在监日期共达一年多，在工作方面，也做出了不少成绩。这个时期他的主要活动，除去经常性业务，有详定《九军阵法》、讨论兵车制度和编纂《修城法式条约》等等。沈括的学问是很渊博的，他不但懂得自然科学，连军事学识也很丰富。这时神宗正讲究富强之术，留心研究作战阵法，曾令六宅使郭固等讨论《九军阵法》，郭固将研究结果著作成篇，颁发给各路师府。他的说法以李靖《教旗法》为主，其中颇多错误。神宗很不满意，所以再叫沈括重新讨论，沈括就这样做了。

他批驳了郭固的说法，即《九军阵法》乃九军共为一营阵，其外以一个驻队环绕，十万人的阵地，共占地方十里多的说法。他认为天下那里有方十里之地，没有山丘、溪涧、树木的障碍，给人专摆这种阵势的道理？而且这样的阵法，像九个人包着一层皮，一点儿也分不开，又如何能施展？他提出自己的研究结果，认为《九军阵法》应当是九军各自为政，虽

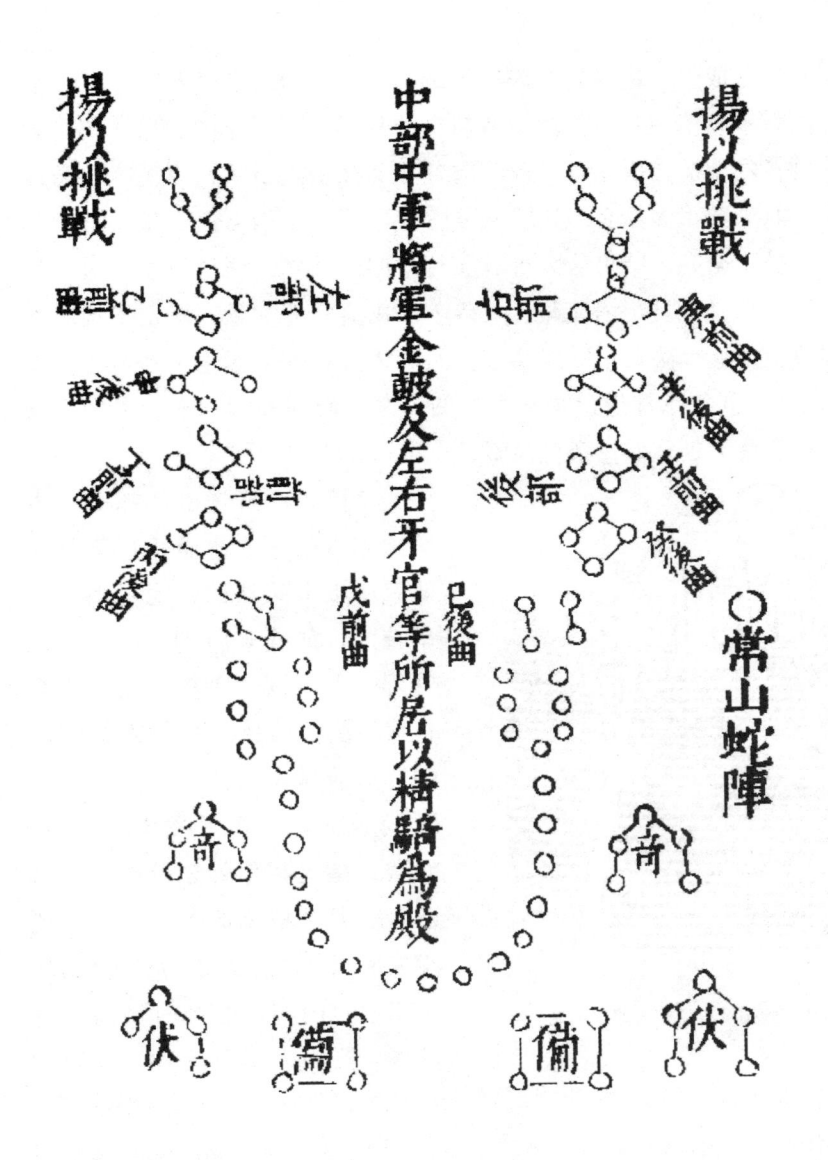

宋朝《武经总要》中记录的一种阵法

然分列前后左右，但是各占地利，以驻队外向自绕，即使越过山林溪涧，不妨各自成营。金鼓一响，舒卷散合，有条不紊；九军合为一大阵，则当中分出四条通路，成"井"字形。这时九军都是"背背相承，面面相向，四头八尾，触处为首"。神宗认为他的说法很对，就同意将这种阵法颁布。

沈括又把它编著成书，用《边州阵法》的名字，作为档案存入秘府。①

新党的军事改革主张，包括制造精良的利器，军器监的创立，正是为了这个目的。这个监初成立时，曾经向各方面征求过献策，吏民献出器械法式的，一时为数很多。有人建议恢复古代车战法，恰恰道着王安石的心意。安石和神宗研究，结果认为可以实行。熙宁八年，便令军器监讨论兵车制度。沈括从《周礼·考工记》《诗·小戎篇》等文献，考定了兵车法式。军器监根据这个法式，制成兵车。然后挑选一部分军士，演习了兵车的"五御法"。同年八月举行军事大检阅，军士们驾驶着兵车，参加了这次操演。神宗登上延和殿，亲自检阅了兵车和战法。②

战棚（此图及其说明为原书所附）

这里我们所说的，都属于古阵法和古战术。然而沈括不是专研究历史上兵法的；他对当前军事技术，如战守防御、器械利钝等等，无不刻意讲求。就是研究古代兵法，目的也为了发愤图强。他自从兼做军器监长官，对这方面接触更多。除了战术、军器，修城筑垒也在他筹划范围。熙宁八年三月，根据职务的需要，他编集成《修城法式条约》。全书计有二卷，内容记载当时城防用的敌楼、马面、团敌法式、申明条约、修城女墙法式等等。③ 原书已经散佚，但是在他后来写的《梦溪笔谈》里，还保存了同类的内容，可以看到它的一些梗概。例如他记载战棚的形制、使用法和作用，有下列一条说：

边城守具中有战棚，用长木抗于女墙之上，大体类似敌楼，可以离合。架搭起来也很快，遇着仓促间城楼摧坏，或无楼处受

---

① 沈括：《补笔谈》，卷3。李焘：《续资治通鉴长编》，卷260，注，引沈括《自志》。
② 沈括：《补笔谈》，卷2。
③ 李焘：《续资治通鉴长编》，卷260。

攻，便急速张设战棚来应战。梁侯景攻台城，盖造高楼来攻城，城上也造楼抵抗，使壮士们交槊，斗于楼上，也近于这一类。①

在另一条记载里，他又讲到马面和团敌，认为延州（今陕西延安）丰林故县城，城墙不厚，而马面极长且密，最为理想。内中谈到防御战略，应当争取主动，"须使敌人不能到城下，乃为良法"。这话很有见地。由这些议论看来，可见沈括的军事学识，说得上是十分成熟。

军器监的办理，颇有成绩。熙宁八年五月，即军器监成立后一年零九个月，这个监汇报中书批问事目时，曾经统计了置监前后的生产情况，其总的结果是：比之旧额军器多数十倍，少也要一两倍。拿添修创造衣甲一项说，当时共计 7 805 副，比未置监前增造 4 809 件；拿造箭一项说，共计 1 384 000 枝，比未置监前增造 333 500 多枝。成绩不为不大。② 到这个时候，沈括兼职已近九个月了。此外沈括对于各种利器的性能和效用，都非常注意。他谈到过古剑中的沈卢、鱼肠，古甲中的牛革矢服，也谈到过少数民族所制的葛党刀、青堂族锻甲。特别对当时的新式军器神臂弓，更加赞美备至，认定它是"最为利器"③。果然这种利器沿用至南宋时代，还受到人们的重视。④

---

① 沈括：《梦溪笔谈》，卷11。
② 李焘：《续资治通鉴长编》，卷264。
③ 沈括：《梦溪笔谈》，卷19。
④ 朱弁：《曲洧旧闻》，卷9。

后期与王安石的关系

这个时期沈括的活动，就表明他对新法抱着积极拥护的态度。再读他的著作，也可看到他拥护新法，是始终如一的。在《梦溪笔谈》和其他书中，虽然没有见到提及他和王安石的关系，但在变法领袖已经失势，新政一项跟着一项被推翻之后，沈括却仍不绝口地赞美变法。同时在王安石《字说》受到人们非议的时候，他仍然采用了安石的理论来解字，这说明沈括的态度始终没有改变，如上所说，王、沈二人订交很早，入京以后，政治上又同气相连，应当十分投契。事实上在变法运动前期，也确是那样。可是等到沈括自河北回京，王安石对他的态度，就和以前大不相同。安石曾对宋神宗说："沈括出使河北，暗中破坏新法。"甚至说他"内怀奸利之心"，是一个反复小人。[1]

说来似乎有点奇怪，这到底是什么原因呢？其实拆穿来说也不稀奇，从当时新党内部变化中，将有关事实一排比，就不难看到究竟了。南宋一个对沈括表示不满的史学家李焘，曾经透露过消息，当时在朝廷里面，有人不断地在神宗等面前排挤沈括。这个排挤沈括的人，就是新党领袖之一的吕惠卿。李焘说：

（神宗王安石谈论吕惠卿。）安石说："不知道惠卿做了一些什么不惬人意的事？"

神宗说："他忌能、好胜而且不公。像沈括、李承之，虽然算不得是了不起的人，卿就没有埋没他们的长处，而惠卿却每事都非议他们，例如因沈括说了分水岭的事，就极端憎恶沈括。"

---

[1] 李焘：《续资治通鉴长编》，卷263。

安石说："惠卿对括，恐怕不是忌能。沈括这人反复，人人皆知，真是一个佞人。陛下应当疏远他，这样的人虽有能干，但是不可亲近。近来惠卿屡次向陛下说及，不能说这不是他的忠心，陛下应当了解。"①

仔细研究这段记载，不难看到吕惠卿的阴谋挑拨，是王安石不满沈括的原因。显然，安石对神宗说这番话时，还没有看清楚吕惠卿的面目，仍然处处回护着他。神宗指出吕惠卿事事攻击沈括，认为是出于妒忌行为，认为因为他迁怒沈括论分水岭事，其实都没有接触到问题实质。要追究吕惠卿何以排挤沈括，还应当从新党内部的分裂来看，才能晓得个中原委。

王安石在变法运动中，吸收了一批新进。在这些人物中间，不少人挂起变法的招牌，使自己登上政治舞台，获得大小政治权力。其中特别有些爬到很高地位的，因为建立了自己的势力，便蓄意攫取更大的经济和政治利益，以发展个人的权力地位。他们这样做，正是出于他们的阶级本质，这也是不足为奇的。吕惠卿这个人物，就是典型的代表。惠卿在安石罢相期间执政，执行的虽仍是新法，但因这次执政，造成势力与地位，便逐渐从新党中蜕化出来，走向个人发展道路。因此忠实执行新法的沈括，就变成他的政敌。他和沈括的矛盾，亦即后来与王安石的矛盾。熙宁八年十月，御史蔡承禧在弹劾吕惠卿的奏章中，对吕、沈间矛盾事实，和惠卿的无耻行径，有进一步揭露。他说：

> 顷者沈括自两浙察访回，其所措置少异其说，则惠卿沮难诬毁，力欲黜除。赖陛下之圣明辨直。而今括又为两浙察访，恐发其在两浙奸贿之状，遂严为饮食之会，曲加煦煦，以络其欢心。括所嗤笑，士人莫不知之。②

这样说来，吕惠卿的诬毁沈括，已不是最近的事，只不过到这时候，才表面化起来。这时安石还没有看清惠卿面目，反以为沈括是反复小人，完全

---

① 李焘：《续资治通鉴长编》，卷264。
② 李焘：《续资治通鉴长编》，卷269。

上了惠卿的当。在这场误会中，沈括是无辜的。而他自己对这件事情，心地也是泰然的。无论在哪本著作中，从来未见他提起过，既没有表示对安石不满，更没有为这件事进行辩护。反过来到晚年的时候，沈括一直还叫王安石做丞相，表示从心里面对他的敬重[1]。可见沈括很能分清是非，谅解安石的受骗。这种宽宏大量，也不是常人所能及的。

---

[1]《苏沈良方》，卷9，《治发疽柞叶汤》条："元丰中丞相荆公疽发背，医攻之皆不效。……上元知县朝奉郎梁彦章有此药，自言其效如神。……荆公服之，利下恶物一升许，遂瘥，乃以方献丞相。予从丞相得之。"这条史料又说明沈括后期仍然和安石来往。

肆

在对辽交涉中取得了胜利

宋辽统治阶级的矛盾

公元10世纪中期至12世纪前期，我国境内出现了各兄弟民族政权并立的状况。除汉族的北宋政权外，同时还有几个少数兄弟民族所建立的政权，如契丹族的辽政权，党项族的西夏政权等。控制这些政权的，都是

契丹人出猎图

各族的统治阶级。他们之中，有的为了扩大自己的统治势力，往往不断挑起相互间的争夺土地和俘掠人口的战争。各族人民都反对统治阶级所挑起的这种民族矛盾和民族战争，所以，在这一时期内各民族融合和民族团结仍是在发展的。居住在宋朝北方的契丹族，自从10世纪以来，建立起一个强盛的国家。到杰出的领袖阿保机死后，它的势力已达今河北、山西北部，经济、文化都在迅速发展。就这样，契丹统治贵族和中原王朝以及割据诸国之间，开始了一种复杂微妙的关系。在较多的期间内保持着友好往来，许多汉族人民因中原混乱而避难北迁，在契丹境内成家立业；也有原来居住的地方，因领土主权转移而改变了属籍。这样在契丹统治下的地区，逐渐形成各族杂居共处，促进农牧经济的发展。而这时候的契丹族内部，社会制度正在急剧变迁，受到汉族封建经济文化的影响，加速了他们

第四章　在对辽交涉中取得了胜利

— 79 —

的封建化过程。契丹统治贵族对邻近各族的掠夺，也就不断地发展起来。六十年代逐渐统一起来的北宋，成为它南边一个强有力对手。双方统治阶级为了各自的利益，长期处在和、战不常的状态里。有的时候，他们发展了和平贸易，正式建立邦交关系；也有不少时候，他们互以兵戎相见，演成武装冲突。

当五代十国中原地区陷入一团混乱的时期，契丹统者通过各种手段，从不同的政治集团手中，掠取到大块土地。其中最著名的，首推所谓"燕云十六州"。但是经过了较长的日子，类似十六州这样的地方，又不断有所变化。例如在瓦桥关（今河北雄县）以南地域，在后周统治中原时代，已经被夺取过来。但是绝大部分，仍被留在契丹领土之内。双方的统治阶级，都不愿放弃这些土地，因此在北宋统治期间，后晋时划入契丹的燕云诸州，和后周攻夺过来的关南地区，一直在宋、辽之间，往返争执不已，形成为矛盾的焦点。

979年宋太宗完成了北宋的统一，在灭掉北汉以后，便乘胜亲领大军北伐，作收复燕云十六州的尝试。大军进至幽州城下，眼看州城快要攻下了，不料就在幽州城外的高梁河畔，被辽将耶律休哥杀得大败，一万多人战死沙场，只得仓皇退兵。宋太宗被休哥追赶至涿州（今河北涿县①），换上一辆骡车，急忙逃返开封，大腿上还中了两箭。军队沿途抛弃辎重，损失不可胜计。七年后宋军又发动了一次大规模的进攻，分军四路指向北方。骁将杨业等从西路出师，一连攻克了几座州城；不料东路将官战略失误，在歧沟关（涿县西南）败绩，因此西路又不得不后撤，杨业等经过陈家谷（今山西朔县②南），路遇契丹伏兵，杨业战败被俘，绝食牺牲而死。

1004年的澶渊之盟，是北宋历史上的一桩大事，宋辽签订了和平的协议，标志着双方关系的转折点。这个盟约给带来一百多年的友好关系，从这个时候开始，文件往来互称南北朝，统治者则以兄弟相称。北宋还专门成立国信司，用来款接辽使。皇室遇有婚丧大事，彼此互通庆吊。沿边地方所置榷场，成为双方贸易所在。遇着荒年缺食，又实行粜粟赈济。公开的武装冲突总算停止了，但是统治阶级的本质是不会改变的。当宋朝的军

---

① 河北涿县，现为河北省涿州市。——编者注
② 山西朔县，现为山西省朔州市朔城区。——编者注

事弱点日益暴露，朝廷又一再显出腐朽无能的时候，契丹统治者冒险一逞的野心，也不断地在滋长。1042年北宋被西夏元昊所困，契丹主便乘机提出了关南十县的要求，北宋遣富弼出使到辽，见到辽兴宗，拒绝辽人所请，他举出的理由是：

> 把卢龙割给你朝的是石敬瑭，攻取关南的是周世宗，这些都属前朝遗迹了。假如大家旧事重提，互相要求归还故土，对你朝讲来，也不会有什么好处。

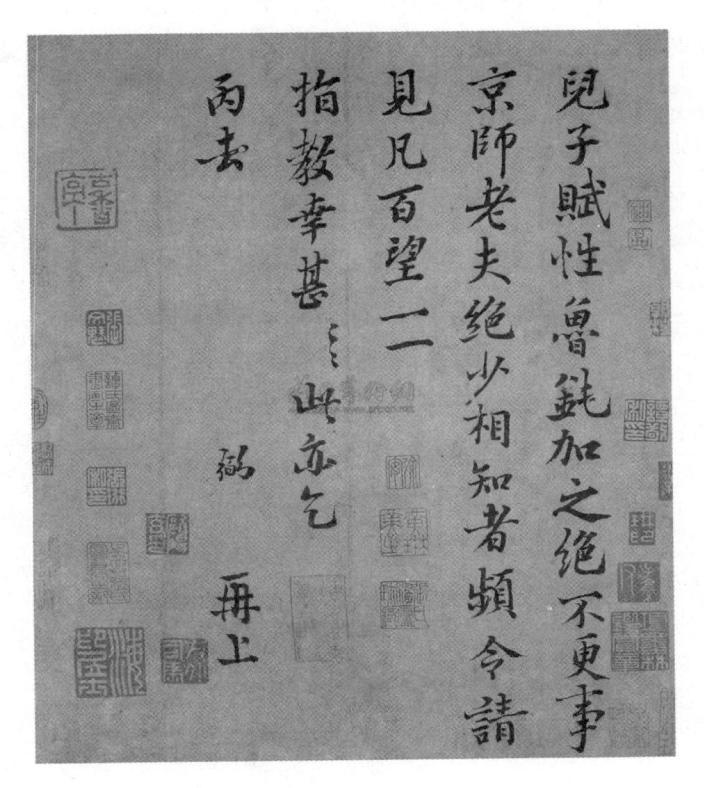

富弼书法《儿子帖》。富弼（1004—1083），字彦国。曾与范仲淹等共同推行庆历新政，但在宋神宗时反对王安石变法。曾多次出使辽国，反对割地求和。

这么一说，固然反驳了契丹统治者的借口，但在北宋方面，对燕云地区的收复，正式表示放弃，也暴露出北宋统治阶级的软弱心理。结果增加岁币贿赂，每年银、绢各十万，求得息事宁人，总算挽回割地的面子。实则这次交涉中，宋人是彻底失败了。

宋辽边界纠纷，并不因为北宋的退让而得到解决。以1045年为例，契丹就在河北方面，侵越界限以南十里，占据了北宋银城县地方。河东的代州（今山西代县）一带，问题更为复杂。它的发生可以追溯得很早：远在1040年，阳武县的六蕃岭，便出现了越界事实。北宋统治者害怕战争，自动向南方转移。但到1056年，契丹又越过了新界，于是北宋又一次往南退让，以后表面上平静了一个时期。及至1065年，代州方面交涉又起。契丹除去侵占好几处地方外，还杀死宋朝的守军。这些事实的发生，虽然仅属局部问题，却反映出和平的后面潜伏着矛盾的根苗。统治阶级的无厌欲望，还不时地公开暴露出来，一旦得到机会发展，矛盾终将不可避免。

代北风云的再起

1074年代北风云的再起，就是这一系列矛盾的继续。这一年的开始，宋、辽双方就有岢岚军（今山西岢岚）的交涉。而且谍报传来，契丹统治者准备旧事重提，索回北宋控制下的关南地域。神宗听到消息，便惴惴以北方无备为忧，急忙为河北选择军帅，筹议筑城、掘壕、植树，来加强边防实力。不久契丹派遣的泛使到了汴京，向神宗呈递了一封书信。信内大意写着：

> 自从两朝讲和，务应各守信约，为了长期和睦，自当互不相侵。今有蔚、应、云三州地界，早年便曾标划界至，南北分开，禁止往来。近因你朝边吏，不顾大体，妄图功赏，就侵越边陲，在我朝境内，修筑戍垒，占住居民。曾将详细根由，和分辨事理，向你朝报达，但至今未见拆移，特此修函致意，希望详加审核。所有入侵地分，差员共同检察，所起铺舍，早日毁撤。免致侵逾，兼守信誓。

来书虽只责难宋人侵越界至，修筑营垒垒舍，其实这次交涉，具体的争端共有三点：

一、在河东路方面，辽人指责宋人侵越蔚、应、朔三州地界，又在沿边增修戍垒，这是争执的焦点。

二、在河北路方面，辽人指责宋人违约兴筑雄州的外罗城。

三、甚至宋人在白沟馆驿添盖楼子箭窗，也成为交涉的借口。

总的来说，目的在重划三州邻近疆界。不久以后，双方代表集会于代州界上的大黄平，举行谈判。辽方代表是萧素、梁颖，宋方是刘忱、吕大

忠。由夏天谈判到冬天,经过三番四次会议,还是相持不决。

在大黄平,萧素等态度很倔强,起先不肯和刘忱等相见,甚至有一天引兵万人,侵入代州地界,焚烧宋人铺屋,和宋军相射。及后终于相见了,萧素又自命为北朝使相,要高占着正南面座位,刘忱等都没有依从。次年三月,辽使萧禧带同国书,又一次来到汴京。信内继续指控宋人越界生事,和刘忱等会议故意

位于今山西省忻州市岢岚县的宋代长城遗址。现存宋代长城长30公里,有的地段还筑有炮台。在岢岚宋代长城发现之前,人们一直认为宋朝没有修筑过长城。

拖延。最后责成宋廷"早委边臣,各加审视,别安成垒,俾反旧常"[1]。措词也是强硬的。这次萧禧到了开封,便赖在使馆不肯离去,声言"必得请而后返",不达目的不肯走,这不是对宋廷一种要挟是什么呢？宋廷派作馆伴的韩缜,已辩至舌敝唇焦,时常谈判到深夜,答应给予退让,萧禧还是固执不允。

一年来的集会,双方分歧之点,乃在辽人所坚持的,以分水岭为界。分水岭原是一般通称,凡山皆都分水,本来不是一定的地名。最初办理交涉时,辽方但说三州疆界,应在分水岭土垅,及至经过现场勘察,实在找

---

[1] 《宋会要辑稿·藩夷》二之23。

不出有什么土垅，辽使便改变口气，泛指以分水岭为界。而分水岭的涵义，既模糊不清，可以指向这里，也可以指向那里。几经交涉后，双方纷所在，才逐渐明确具体。

一般人认为，宋辽这次交涉，宋廷还是丧失了一大片领土，是因为王安石主张"将欲取之，必姑与之"的缘故。当然，如果安石果真这样说了，这一说法自然不能作为割弃七百里土地的根据的。这样个懦弱的主张，是会影响到宋廷决策的。不过根据当时事实，安石是否有此一说，不能令人无疑。因为从事件爆发之日始，安石就不主张消极退让。那时神宗曾问安石说：

"如果契丹一定坚持要求土地，怎么办呢？"

"如果这样，那就不能答应。"安石答。

"他们不肯罢休，又怎么办？"

"不肯罢休，也用不着以兵力相争，只须派遣使人，慢慢地和他们讲理辩论就是。"

"要是突然打起仗来，怎么办？"

"一定不至这样的。"①

他主张实行耐心的交涉，主要是争取时间来作好准备。② 后来萧禧到汴京，神宗连忙开天章阁召执政议事，又括配车牛驴骡，在河北广籴刍粮，大事张皇，纷纷扰扰，安石就极力反对，说：

> 陛下为什么这样过分忧虑呢？忧之太过，就会使怯懦的神色，在外表暴露出来，这是灭自己的威风，长他人气焰的做法。我们不能满足萧禧的欲望，满足他的欲望后，回到契丹他便可以由此受赏，无异于鼓励契丹大臣，以阴谋北宋求赏，恐怕不是北宋之福。③

---

① 李焘：《续资治通鉴长编》，卷250。
② 同上："是日上召对辅臣于天章阁，以谍报契丹欲复求关南地也。王安石曰：'此事恐无，纵有之亦不足深致圣虑。'上曰：'今河北都无备，奈何？'安石曰：'其使来果出此，徐遣使以理应之；若又不已，亦勿深拒，但再遣使议，要须一年以上，足可为备'。"
③ 同上，卷262。

宋神宗赵顼，1067年—1085年在位。他先支持王安石变法，后主持改革官制，宋朝积贫的形势一度有所好转。又发动"熙河之役"，以图灭掉西夏，但最终败北。元丰八年英年早逝，享年三十七岁。

可见反对屈服，是安石一贯主张。何况，所谓"将欲取之"等等说法，首见于邵伯温的《闻见录》，这本书的作者是反对变法的，他对王安石诸多毁谤，所载事实，往往出于捏造。连对新党没有好感的李焘，在编写《续资治通鉴长编》时，写到这一段，也不敢轻于偏信，采取了存疑态度，其真实的程度可知。因此我怀疑这两句话，王安石是否说过。

其实主张对辽屈服的，不是别人，正是宋神宗自己。自从交涉开始，神宗表面似乎积极备战，实则抱定宗旨妥协。宋廷在接到契丹来信以后，马上下令停止增修雄州外罗城，拆除白沟馆驿楼子箭窗。跟着刘忱奉命会商，神宗亲自写了手敕说："姑如所欲与之。"同时对另一代表吕大忠，也作过同样表示。① 神宗一力主张退让，理由很简单，就是畏惧契丹强大，不敢惹起对辽战事。而包围在神宗周围的士大夫，一听契丹遣来泛使，便已汹汹鼎沸，嘈杂不止。② 神宗本人更觉忧心忡忡，一再表示不能作战。但又恐怕和议难成，一方面又只得作出万一的准备，这就是沈括察访河北的内情。和萧禧的交涉没有结果，僵局已经形成，宋廷既要避免战争，又想吃亏不至太大，于是派遣沈括出使辽方，来办理这桩棘手的交涉。然则沈括此行，任务的艰巨可想而知了。

---

① 王称：《东都事略》，卷123，《辽国传》；卷91，《吕大忠传》。
② 李焘：《续资治通鉴长编》，卷250："安石曰：'契丹才有泛使，士大夫已汹汹。'"

接受了一个艰巨的使命

决定选择沈括担当这个任务,那是1074年(熙宁七年)十一月的事情。那时候沈括还待在河北,宋廷特地发表了李承之为河北西路察访使,令他代替沈括,好让沈括返回京师。1075年(八年)三月,正式发表沈括出使辽方。原来沈括出使的名义,只是一般的国信使,不用"回谢"等字入衔。因为最初选择沈括充使时,是为了大黄平谈判陷入僵局;等到这年三月,又多了一个索地的辽使,赖在汴京不肯回去,不肯接受宋人分划地界的文书,这才派定沈括前往,直接和契丹统治者见面,寻求解决的办法。及至萧禧发觉宋人撇开自己,准备直接向辽廷交涉,自己不能达到出使目的,显示不出这场功劳,为了争取主动,方才将划界文书收下了。萧禧既然收受了文件,就被认为谈判结果已经圆满,宋廷有意将这个事实,通过沈括出使肯定下来。沈括改用"回谢辽国使"名义出行,正是答礼回谢的意思。

契丹不肯就此罢休,这是可以预料到的,此行要想达到目的,自然是困难重重。沈括也很清楚,但他为了力争宋朝主权就把任务接受下来了。当时人们不禁替他捏一把汗,辽使的态度这样强硬,沈括此行会不会有生命危险,人们能不为这事情暗暗着急。但是沈括本人,倒是没有没有考虑这些问题,他坦然地表示说:

"我所忧虑的,是我的才能智慧不足,担当不起压制辽人凶焰的重任罢了。个人生死祸福,是应当置诸度外的。"①

就在接到任命的同一天,他请求见神宗,讨论有关交涉事宜。神宗就接见了他。

"辽人的心理是难以捉摸的,万一中途生变,危害及使者的安全,不

---

① 李焘:《续资治通鉴长编》,卷261。

知道卿将何以自处?"神宗问道。

"臣只有用一死来回答!"

"卿向来为人忠义,有这样打算,固然应当如此。不过此番前往,关系国家安危,责任重大。卿的安全就是边疆的安全,我们是个礼仪之邦,争得一口闲气,于国事无补,卿千万不可如此!"①

沈括对这个问题的看法,由这里便可看出。

原来沈括对于边疆问题,一向就很留意。这次从河北还京,便直接参加了宋辽交涉斗争。在八年二月里面,上过一封重要的奏章,就是《奏乞宣谕馆伴等俱晓分水岭本末事》,详细分析边疆地理形势说:

契丹人狩猎图

臣等窃闻昨夜萧禧在驿,与馆伴将元执到白札子,商量王吉地……等处已定,只是尚执分水岭未肯了当。臣等今有所见,虽不知是否,或恐有助对答折难之意如后:

一、萧禧既承认黄嵬大山北面为界,则明知元不以雪山、黄嵬山、牛头山照望为界之意。自黄嵬之南界至已定,乞令馆伴通晓,宜无涉及照望之语。

一、萧禧坚执以分水岭为界,臣等以谓若令馆伴及定地界官,依下项劈折,得事理分明:即除黄嵬大山一处已经定夺不可改移外,其余虽悉许以分水岭为界,亦无所妨。今具逐段地分如后:王吉地及瓦窑坞见今标与北人处,已是分水岭,别无可争。

---

① 李焘:《续资治通鉴长编》,卷261,注。

雁门寨即今来移退义夷铺及三小铺处，已是分水岭，别无可争。西径寨地分，第一、第二、第三、第四、第五远探、白草铺一带，便是分水岭。……窃虑馆伴不见得此意，度尚惑头牛、雪山照望为分水岭，多方回避，却致北人猜疑。据三次国信文字，北人之意元不至此，欲乞子细宣谕馆伴及定地界官，令具晓本末，但指望定白草铺一带是分水岭，却明与此处以分水岭为界不妨。①

他研究了分水岭的所在，和辽人的意图后，写成这封奏章，目的是作为馆伴、定地界官交涉的根据。他认为当时宋廷所作让步，已经符合分水岭界线。有了这个根据，就可以阻止萧禧提出进一步要求。果然沈括这一说明，就成为宋人以后交涉的重要根据。

自从接受出使任命，他就在这一基础上，进一步仔细翻阅档案，钻研材料。不久之后，他又弄清楚契丹两次提出要求，前后所说界至，相差至三十多里。为了此事，他特地上表说明，契丹初议地界书中，关于界至纠纷，现在主要所争地段，却是黄嵬山，相差有三十多里。可见当时两府大臣，不知道地理情况，糊里糊涂，便进行交涉，几致造成更大损失。经过这一指出，地理方位才弄明白了。神宗十分喜欢，是日百官休假，还特开天章门召沈括入资政殿面对，并且对他说："两府不究本末，几误国事！"还亲自动笔绘画一幅地图，叫人拿到中书和枢密院，给大臣们一顿责备，吩咐把这幅地图拿出来给萧禧看。萧禧看了没话可说，交涉就有了进展。事后神宗还对沈括说："如果没有卿来说明，就没法打赢这场边界官司了。"他还赐给沈括白银千两，作为奖励。②

宋廷虽然抱定宗旨谋求妥协，但亦不放弃取得更有利的妥协条件。一年来双方无休止的辩论，虽然没有能使契丹放弃对土地的要求，但是契丹统治者的无厌欲望，毕竟受到了一些挫折。首先是负责谈判的刘忱、吕大忠，能够坚持原则，他们都是有功的。后来萧禧来至汴京，心怀很大欲望，对宋廷诸多要挟，偏偏又碰到沈括这个对手，摆出大量事实，不容他有所抵赖。经过讨价还价，宋人虽然作出了让步，但是萧禧的目的也没有

---

① 李焘：《续资治通鉴长编》，卷261，注。
② 同上，卷261。

达到。直至沈括出使时，双方商妥的协议如下：

一、李福蛮地许以现开壕堑处分水岭为界。

二、宋朝水峪内义儿马铺和三小铺向近南一带挪移，以现安新铺山头分水岭为界。

三、自西陉寨地方，以第一、第二、第三、第四、第五远探、白草铺山头分水岭向西为界。

四、瓦窑坞地以分水岭为界。

剩下了黄嵬山地（今山西崞县①西南）一处，因为在宋仁宗统治时期，曾由双方官吏勘察，从这里到天池庙（山西宁武西南管涔山上），都标立有界至，这是宋朝唯一坚持地段，也就是沈括从档案中查明真相的一段。只要将这个结果和前日沈括所上奏章比较，便可看到他未出使前，在这次交涉中起了什么作用。

契丹对沈括所用回谢使衔，自然不会感到满意；因为这样就限制了使者的职权，等沈括到辽以后，不能向他继续大事要索。他们请求改用"审行商议"名义，来达到迫使北宋彻底屈服目的。宋人的对策是，只承认萧禧在宋商谈结果，认为萧禧已经接受了文书，边界问题已全部解决，没有商量的余地，这样沈括仍用原衔出使，契丹也只好默认了。话虽如此，但是问题决不会这样简单，尽管沈括用回谢使衔的名义，契丹统治阶级还是不会放过要索机会的。宋廷对这点是预料得到的，所以沈括在出使前，绝对不能麻痹大意，必须预先作好准备，才能应付裕如。有的问题事先可以想见：比如沈括出行会不会在中途被阻？契丹统治者会不会继续坚持未满足要求？如果继续坚持应当采取什么步骤？诸如此类，在沈括启程之先，大体都考虑过，并且做出一定安排。还有最紧要的是，一切有关边界问题的"文字证照"，必须充分搜集，这是交涉中最有力的工具。萧禧逗留开封几乎整一个月，大大超过使者停留不超过十天的惯例，最后由于宋人拿出图件证明，这才迫使萧禧没话可说，最后只好接受了文书辞别而去。这个经验给人们以极大启发，沈括趁着还未离京，就预先准备了几十道有关文件，叫随员背得烂熟，以便到时临机应变。②沈括此行，使命虽然艰巨，但是却有充分准备的。

---

① 山西崞县，现为山西省原平市。——编者注
② 《宋史》，卷331，《沈括传》。

针锋相对，争辩不屈

因为出使辽朝，沈括官衔给加上翰林院侍读学士。这是一个有学问的人的荣誉官职，皇帝亲近的侍从官。（一年多以后①，又改官翰林学士，所以人们提到沈括，往往称他沈内翰。）这次出使，担任副使的是四方馆使李评，他们带着随行人员，一行于四月中旬离汴京，二十一日过北京（今河北大名）②。行至雄州（今河北雄县），却被辽人阻挠，不肯让他们入境。同时牒书往还，请求更换宋使名义，还攫索地界不止，几次点起边候的烽火，表示志在必举。沈括滞留在雄州，一共二十多天，等到萧禧回到本朝，辽人方许他过界。当他离开雄州时，因为此行安危未卜，不知是否可以生还大宋，便写好了遗奏，给他哥哥雄州安抚副使沈披，转递给朝廷，表示决心。大意说：

> 如果臣不得南归，辽人必定要倾国入犯，他们的器甲武艺，原都不及我方。不过依靠人多，能耐劳苦，行军不用带粮。制辽的方法，只有聚兵定武，会合西山的人马来守卫磁州、赵州。黎阳地方河道狭隘，容易跨渡，应分澶州、大名驻兵，扼守白马津；同时怀州、卫州坚壁自守，以阻塞通路。辽人不得西进，必自中路出兵，企图直趋河桥，那时我军就可决开齐贾埽，引河水

---

① 沈括：《长兴集》，卷13，《除翰林学士笏记》："新授翰林学士、朝散大夫、行起居舍人、知制诰、权三司使、编修内诸司敕式、详定重修编敕、长兴县开国男、食邑三百户、赐紫金鱼袋臣沈某。"按括详定重修编敕在熙宁九年十二月甲申，授翰林学士当在这时或稍后。

② 李焘：《续资治通鉴长编》，卷263，注，引沈括《乙卯入国奏请》（并《别录》），四月二十日辛巳奏："今来臣等已是在路，无由面奏子细。"据此括等当在中旬起程。又四月二十九日北界移牒雄州称："本来牒到，国信使副今月二十一日到北京，公文内依前改冲回谢国信使副。"

第四章　在对辽交涉中取得了胜利

淹灌，辽人即使有百万之众，都将变成鱼鳖。唐河从西山流出，可用布袋将它壅塞，等到辽兵北归，就决放河水来阻止他们后退，镇州、定州的士兵，紧紧在后追击，不难像风卷竹篷似的，一举将他们歼灭了。①

直至五月二十三日，沈括方才到达永安山，二十五日得见辽道宗。永安山在今河北平泉南一百九十里，是辽帝经常打围的所在。道宗决定在这里受礼，沈括来到后便住在远亭子馆驿，离山尖约八九十里。沈括等在那里住了十三天，先后和辽人交涉六次，往返争辩，异常激烈。沈括在自记的《入国别录》中，对这次交涉经过，留下了珍贵的记录。他说五月二十

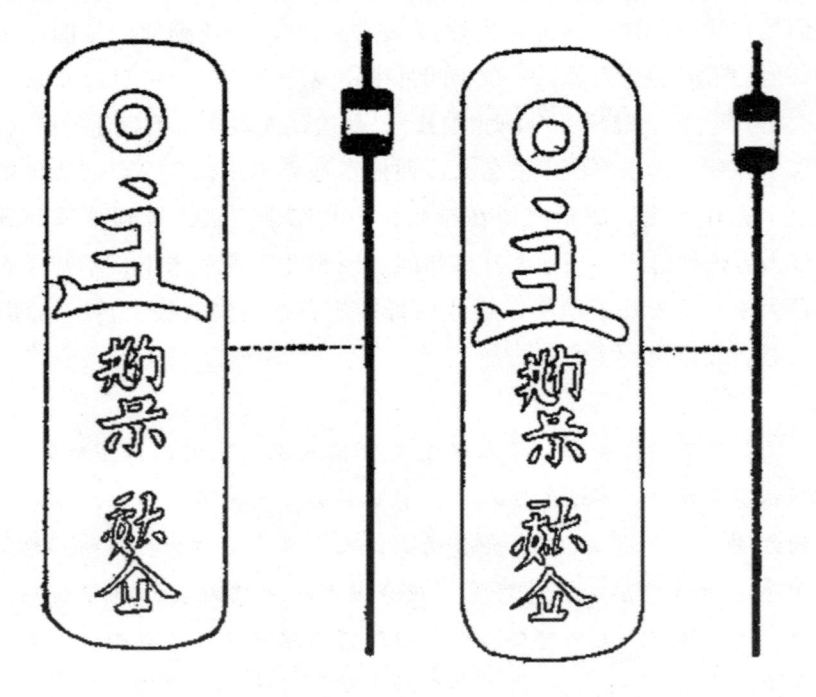

此图系1972年冬在承德县发现的契丹金银符牌，上刻契丹文字（小字书）"敕宜速"三字。这是契丹派出馆伴使等官吏随身携带的符记。（此图及其说明为原书所附）

---

① 李焘：《续资治通鉴长编》，卷265。

九日赐宴时，第一次碰到他的对手杨遵勖（字益戒），还有在大黄平和刘忱等会议过的梁颖。酒席筵前，双方唇枪舌剑，展开了激烈的交锋。争论的焦点，首先在于地界问题是否了结。沈括认为"河东地界并已了当，差括等来回谢"。遵勖等认为，"只是蔚、应两州已了，朔州地分俱未了绝"。不管怎样，问题还是提出来了，沈括只得表示，"此事虽不是本职，不敢预闻。既是承准宣命，有所知者，不敢不对"。本来不准备商议这问题，却不得不变相地谈起来，到底然是宋人退了一步。不过沈括手里仍然执着一张王牌，既然不是商量地界专使，临了还可以推说不是本职，来避开遵勖等的迫索。

至于地界问题，辩论中心即在代州黄嵬山地一段，具体争执的是，鸿和尔大山和天池庙两处。鸿和尔、黄嵬是一山的异名①，契丹的要求是以分水岭为界；天池本属北宋的宁化军（今山西宁武西南），而契丹声称应属北界。其实正如上面所说，这两处地方，宋仁宗都重新和契丹划定过疆界，并特别树立了石峰来作标帜，有两朝来往公文可供凭验。

这一天交涉，沈括便立即举出事实，驳斥了尊勖等的无理要求。他说："北朝重熙十一年，北朝差教练使王守源、副巡检张永、勾印官曹文秀，南朝差阳武寨都监翟殿真、崞县令教练使吴岊同行定夺，以鸿和尔大山脚下为界，自后顺义军屡有公牒，都称鸿和尔大山脚下为界，岂不十分明白？"

天池子地方，沈括也举出了"有（辽）开泰五年顺义军牒，（天池庙）地里属宁化军"为证。引用辽人自己的文件，来作反击辽人的武器，正是"以子之矛，陷子之盾"。这是最巧妙的手法。

遵勖、梁颖没话可说，只得一面抵赖，一面用言语搪塞。说什么过去划定的，只是辽人苏直、聂再友侵耕的地界，不是两朝地界。又说顺义军关于天池子赚文，是州县一时错误行遣。还说鸿和尔大山以分水岭为界，契丹也执有照证文字，但是经过沈括追问，却拿不出实据来，梁颖只得掩饰说："北朝确有照验文字，因为侍读（指沈括）、馆使（李评）坚说只是回谢，不肯商量，即使拿了出来，也不济事。"沈括对这些问题，都反

---

① 李焘：《续资治通鉴长编》，卷261，注，引沈括《乙卯入国奏请》："三月二十八日《资政殿进呈所界争至地名白札子》云：'……朔州地分，往前已经定夺，以黄嵬大山北脚为界，今来北人称以黄嵬大山分水岭为界，所争地南北约三十里。……'"即沈括在辽所争的鸿和尔大山地。

复予以辩论，常常驳得对方哑口无言。结果梁颖只得蛮不讲理地说："东西一带，都应以分水岭为界，因何鸿和尔大山不以分水岭为界？"沈括回答得很好："若是一处以分水岭为界，就要都以分水岭为界，那么西至岢岚军，东至澶（檀）、顺，都应以分水岭为界，这样怎么使得？"沈括最后表示："学士更说千般道理，也不济事，必须要有的确文字。南朝并没有许多话说，关于鸿和尔大山只有这几个字：'鸿和尔大山脚下为界。'天池子只有这几个字：'地理属宁化军。'此外我就不知道，更没有什么可以议论的。"这场剧烈辩论，暂时告一段落。

会晤以后，契丹看到向沈括索讨不成，便又向北宋使团中的下级官员接触。但是北宋使团的态度是一致的，他们都根据双方公文、地理方位等作证，坚决拒绝承认辽人的说法。

六月一日，沈括、李评等再次赴宴，客套一番完毕，话头又转入正题。在天池庙方面，契丹没有提出任何新的理由，只将上次提出的一些事件，向沈括等重复讲了一下。例如押宴官耶律晕，又一次提到契丹侵入那里放马的一百多"部族"，想用这桩既成事实，压迫沈括承认他们享有领土主权。

"天池子向来有乙室王在那里下帐，若是南朝地土，为何乙室王会在那里呢？"耶律晕使人对沈括说。

"南朝地界文字说得明白，乙室王自然不应当过界下帐，而且有照据为凭。岂可不据文字，只据口说！"沈括回答。

"文字在前，乙室王下帐在后，现在该用前头照证，还是用后来照证？"耶律晕说。

"若要用在后照证，那么本朝修盖铺屋还要在后。若以在前为据，即本朝所执文字在前。两头总是南朝有道理，还用得着议论？"沈括回答说。

耶律晕所说的，本来就是强辞夺理，尽管那样，也还是说不过沈括。

此外，梁颖等再次抵赖了有关边界问题的"北朝圣旨"，说是当时契丹官员传错了。

对鸿和尔大山，梁颖的话说得很多，但说来说去，始终是那几句。沈括最初没有理睬他们，歇了好一会才揭穿他们的伎俩，指出上次顺义军给宋朝的公文，暗地把山脚的"脚"字漏落，这次在辽交涉，梁颖凡说到鸿和尔大山，都不肯说出"脚"字。不知这个"脚"字，在今年辽使带给宋

契丹文石刻

朝的札子上,早已承认了的。即使退一步讲,辽人没有承认,除掉这个"脚"字,也没有什么妨碍。例如重熙十二年顺义军的文件内称,"六蕃岭直南至鸿和尔大山四十里"。这里虽没有"脚"字,试问从六蕃岭向南四十里,这是鸿和尔大山什么去处?这样的例子不止一个,何况这个"脚"字,本来是有的,怎能抵赖得掉?梁颖自知无理,但还啰哩啰嗦地说个不停,而且又是重重复复,沈括只得推说:"我喝醉了,不及一一回话,且休见怪!"便结束了这次谈话。

　　以后的辩论,梁颖所举理由,仍是不够充分的,所提的文字证据,也是没有足够力量的,都给沈括逐条反驳回去。例如他举出天池子口铺为证,既然说这是北宋土地,为什么当初不在那里盖搭,要等到后来方靠近北方盖搭?而且还要带着许多军兵前往呢?沈括回答说在自己土地上拆卸挪移,这没有什么不可以;就是带领军兵同往,无非怕被北界非理拦阻,将官在极边带领军兵,也是事理之常。又如梁颖举出鸿和尔大山划定苏直、聂再友土地文件,上说"北至张家庄",分明只是划定私人田土,怎能指作两朝地界?沈括便诵读了原定界至文字,指出四至内只有北至独有"当界"二字,全文是"北至当界张家庄",这是因为北至是两朝旧界,其余都是新界的缘故。又当梁颖去翻阅案卷,见所谓"北朝圣旨"只是口传,没有文字,便来向沈括抵赖时,沈括就举出双方当时都有文字行遣边上,吩咐边臣各守地界不得侵越,把梁颖反驳得满面羞惭,不敢强争下去。[①]

　　前后六次会议,沈括都是这样坚持着。遇着杨遵勖、梁颖等提出问题,他便吩咐属员举出文件作证。每次辩论,都侃侃而谈。会场周围环坐旁听的,数目多至千人,而沈括却处之泰然,对答如流,丝毫没有胆怯,始终未被对方难倒。

　　契丹统治者知道沈括不会屈服,不得不放弃了对黄嵬大山一段土地的要求,但仍坚持以天池中心为界。不过沈括和李评,一口咬定职责只限于回谢,不肯直接谈判地界。契丹统治集团,企图从沈括身上得点什么,结果却大失所望。

---

① 以上叙述,根据李焘:《续资治通鉴长编》,卷265,注,引《入国别录》。

沈括使辽误朝辨

从上述事实看来，沈括此行功罪，本来已很清楚，没有什么可以怀疑的。但事实上竟有人这样提出，认为宋神宗说过，宋辽地界交涉，是沈括三大误朝罪行之一。这话见于和沈括同时人韩宗武的《韩缜遗事》：

> 沈括罢三司使，余于城外叙别。括曰："君臣间难知，素〔数〕日前犹见许大用。"宗武归具为缜道此，缜曰"安有此事？三日前上云'沈括误朝廷三事'，谓历法、地界、役法也"。①

读了之后，不免令人有咄咄怪事之感。仔细研究一下，事实和这样一个说法，恰好是大相径庭。如果以出使辽朝前的交涉而论，宋人在边界问题所作让步，是出自神宗和左右一群妥协派的主张；沈括所提出的一些地理资料，对阻止辽使的进一步要求，无疑是有帮助的。以后来出使辽朝而论，沈括更能够忠心耿耿，不怕困难，置生死于度外，那种大义凛然的精神，原已足供后人敬仰；而且交涉的结果，又赢得一场胜利，契丹统治者理屈辞穷，终于放弃了对黄嵬大山的要求；而两朝盟好，仍然不致破裂。

因为沈括是新法的领袖，旧史对他曾经作过许多诬蔑，这次出使的成果，在那些抱着门户之见的人们笔底下，同样地也遭到贬黜。但事实是不容许抹杀的，所以李焘记载交涉结果，不得不说是"得其成以还"②；《宋史·沈括传》也只好说："契丹知不可夺，遂舍黄嵬，而以大〔天〕池请。"就是契丹方面的马协司徒，也说到沈括这次使辽，出色地完成了一

---

① 李焘：《续资治通鉴长编》，卷261，注引。
② 同上，卷265。

项使命。他说:"现在北朝皇帝因听侍读、馆使一再说到南朝皇帝愿意维持和好,也思念往年欢好,再不索取鸿和尔大山分水岭,只于天池中心为界。这虽属小事,想侍读、馆使听见后,定会感到十分高兴。"①

沈括初次进入辽境时,看到契丹备战情景,显得十分紧张。等到交涉办妥,一路南归,便见幽燕一带,气象迥然不同。住在这个地区的居民,都已经放下武器,回到土地上辛勤耕种。② 这种情况,说明契丹统治阶级已经放弃了坚持索取土地的要求,使矛盾缓和下来,问题也就得到了解决。

可惜沈括交涉的成果,没有得到很好继承。沈括回朝后,便离开这项工作,双方划界问题,先后由李评、韩缜等主持其事,最后是在韩手上完成的。结果怎么样呢?宋人是很失望的,由于韩缜的无能,竟然断送了疆土七百里。1076年(熙宁九年)十一月诏书说:"依水流南北分水岭画。"终于完全以分水岭为界,这就是韩缜交涉的结果。苏辙弹劾韩缜的奏章,揭露出河东割地之日,边民数千家,抛弃坟墓田业,被驱迫内徙,哭声振天。③ 边地人民对韩缜恨入骨髓。④ 宗武是韩缜的儿子,他写作《韩缜遗事》时,

苏辙(1039—1112),字子由,一字同叔,晚年自号颍滨遗老。苏洵之子、苏轼之弟。他对新法持反对态度。

---

① 李焘:《续资治通鉴长编》,卷265,注,引《李回状》。
② 同上,注,引《通略》。
③ 同上,卷279,注。
④ 王称:《东都事略》,卷58,《韩缜传》:"缜相未期年,谏官孙觉、苏辙、王觌、御史刘挚论缜操心深崄,才鄙望轻,……在先朝奉使无状,割地七百余里以遗北虏,边人怨之,不可使居相位。"

有意替父亲的罪行开脱,这才制造沈括的谣言,说成为他的误朝。我们还可以从《奉元历》的行用,证明所谓历法误朝,也不是事实。沈括是1077年(熙宁十年)罢三司使的,一直至次年诏书上面,还有"近校月食时分,(《奉元》)比《崇天》《明天》二法,已见新历为密"[①] 一语。可见神宗当年不会说出那样的话,所谓"历法误朝"之说,必然是《奉元历》被废后捏造之辞,同样没有可信价值。

---

① 李焘:《续资治通鉴长编》,卷287。

伍

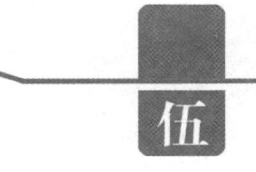

任三司使时的贡献

察访淮浙

1074年（熙宁七年）这一年，从春天到夏天，许久滴雨不降，北方到处在闹旱灾，河北、河东、京东、京西等处，遍地饥荒蔓延。就是淮南一带，也逐渐干旱起来，缺雨还不计，更添上了蝗灾。淮西和浙西的常、润等州，也都变成严重的灾害地带。居住在这个地区的人民，由于灾荒的影响，被迫颠沛流离，因此到处哀鸿载道。官府虽然采取了一些措施，放出粮米赈济，资助流民归业；但是直至翌年秋天，灾情并没有减轻，东南的淮南、两浙、江南、荆湖等路，仍然继续大旱。神宗为了缓和深刻的社会危机，决意派遣大臣前往淮浙，做灾伤州军体量安抚使，兼察访农田水利。这个任务，又落在沈括肩膀上。

1075年（熙宁八年）七月，沈括接到任命。他还没有启程，就先打发一些属员兼程南下，和两浙转运副使张靓等共同相度，视察了当地的灾情。[①] 他们研究具体情况后，便由沈括提出一项开凿泾浜、筑高堤岸的兴修水利建议。这个建议的提出，引起他和吕惠卿之间的一场争论。双方争论焦点有二：一是根据沈括原议，责成地主按亩出钱兴工；二是修筑堤岸土工，也按田地高低分成五等，责成地主按等负担。

惠卿这时却站在两浙大地主阶级方面，公然提出反对。他说："修筑堤岸极是好事，譬如民间盖搭房屋，是宏壮还是矮小的好呢？那自然是宏壮的好。但是堤岸要筑得高，也要量度人力，一步一步来。在苏州地方我们都有田土，一贯钱典得一亩，每年收米四、五、六斗，当中还常有拖

[①] 李焘：《续资治通鉴长编》，卷267："中书进呈户房乞下两浙提举水利及转运司，各差官定验两浙兴修水利不当事。上曰：'沈括所差官，即运司管不得。'"按沈括于八年十月始行至钟离召还，见同书，卷269。可见和吕惠卿争论水利时括尚在京，所谓"前日见括意便待与张靓做到底"，当系括所差官与张相度后主张。

欠。如果两年才收得一次，上田每年只合得三斗，每斗值五十钱，总共不过一百五十钱。如令每亩出钱二百，有田千亩，便得出钱二百贯，叫人怎样拼凑出这些钱呢？"

他竟大声疾呼，替两浙的大地主喊穷，反对按地亩征钱的计划。他提出所谓"须量人力，以渐为之"的要求，拆穿说干脆就是取消政策。

对于修筑堤岸土工办法，他也反对说："用五等法定土工，田地高低才三、五寸，便十分紧要。田土岂能都和砥一般平？高田有低处，低田也有高处。如按照这办法定土工，有的地方取土很远，便须赔累钱米。两浙要开泾浜，以从泾浜取土筑堤，最为便利。"[①]

他主张泾浜要开浚得深，这样可以就近取土筑堤，免得地主赔累。沈括在这个问题上，对惠卿的主张是不赞同的，他认为泾浜太深，便难以车水。这样吕惠卿少不得又在神宗面前，说了沈括许多闲话。当时曾决定派人前往两浙定验，但是结果如何，却没有留下记载。沈括自己，出使行至钟离（今安徽凤阳东北），便因接到新的任命，折返开封，并未到达两浙。

沈括的新任命是：权发遣三司使，这是熙宁八年十月了。这时吕惠卿已经罢政，权三司使章惇因惠卿的瓜葛，也被劾罢出知湖州，三司一职便召沈括回京接替。三司是北宋管理财政最高机关，地位十分重要，所以三司使又叫"计相"，与参知政事、枢密院等要员，享受同等政治待遇。沈括因为资历浅，担任这个职务，只能以"权发遣公事"系衔，表示带点临时性质。其实在这种场合下，就是执行三司使职务了。管理全国财政事宜，不用说职责十分重大；尤其在变法时期，许多财政上改革，都要通过三司来实现。沈括一向忠诚拥护新政，又很有办事才干，自然是个适宜的人选。从这时候开始，直到熙宁十年七月，约一年零八个月，沈括几乎把全副精力，投入这个工作，并且作出杰出的成绩。其中以改革盐钞、讨论钱币、讨论役法三事，最为有声有色，不妨说是沈括在三司时期的三大要政。

[①] 李焘：《续资治通鉴长编》，卷267。

改革陕西盐钞法

什么叫盐钞法呢？这是北宋政府专卖食盐的一种制度，创始于1048年（仁宗庆历八年）。创始的人名叫范祥，那时做提点陕西路刑狱兼制置解盐官职。因为宋人常和西夏发生冲突，北方的河北、河东、陕西地区，经常屯驻重兵，每年需用粮草，数目浩繁，不得不召募商人"入中"，即向政府入纳现钱，用来就地籴买刍粟；再把盐钞偿给入中的商人。商人拿了盐钞，去到产盐的解州（今山西解虞①）支盐，便可运至商销地区贩卖。陕西盐法经过这一改革，不但盐利有了增加，而且边费也解决了十之七八。

自从1069年（熙宁二年）后，钞法便逐渐破坏了。具体的事实，就是虚钞现象的发生。虚钞现象的发生，主要原因是政府滥发盐钞。政府因财政困难，入不敷出，便大量印发盐钞出卖，以资维持。实则当时依赖盐钞的，已经不止边地军需，就是其他额外开支，有时也不得不依靠它筹措。民间吃盐数量大致没有很大增减，而盐钞印发无限制地增多，供求不能相应，便形成虚钞现象，钞值低落，籴价翔贵。商人支到食盐，结果难以售出，因此无人愿将现钱入中，钞法失去了效用。为了补救虚钞弊端，政府曾经储备一笔本钱，专门收买剩钞，调剂市面钞值。但因出钞过多，这种办法也宣告失灵，因为钞出无穷，而本钱有限；旧的还没有买完，新的已陆续流出，虚钞问题还是不能解决。再加行销解盐的东、西、南三路州县，自熙宁八年以后又纷纷改成官府自卖，商贩地区缩小，盐钞愈加壅滞。

此外，东、西路盐价不同，也影响到钞法的推行。当时为了和西夏运入的私盐竞争，特别降低西路价格，东贵西贱，西盐倒流，影响东盐滞

---

① 山西解虞，现已撤销，其地今属山西省运城市永济县。——编者注

宋朝煎煮海盐（采自宋人苏颂《图经本草》）

销。又官府卖盐，也可任意贬价，商贵官贱，商销极难维持。而另一方面，商人入纳现钱，只在外州便可支盐，无须通过中央，因此发钞权力操纵州县手里，三司得不到这宗收入。及至钞额超出过多，却须三司拨款收买，这样使得中央财政收入日益减少。到沈括接任三司使时，便形成"陕西盐利亡其大半"的严重现象。钞法败坏的结果，对地方来说，阻滞了军饷的来源；对中央来说，则减耗了国库的收入。不但影响边计，而且牵涉到整个政权的财富力量。

何况官自卖盐，缺点很多。比方搬运贩卖，都须配备一套官僚机构；又要兴师动众，差遣民夫，役重民劳，增加民间困扰。一旦运输失去均衡，又会严重影响盐货流通，造成消费地盐荒、生产区积压的脱节现象。靠近产地一带，私盐价廉易得，官盐不易出售。于是卖盐官吏，但求盐货脱销，增加利润收入，往往不顾人民死活，实行强制配盐，成为一种虐政。熙宁八年提举卖盐官张景温的所作所为，就是一个典型例子。他在河中（今山西永济西）出卖官盐，一味增重盐价，以致人民吃不起官盐，不肯前来购买。景温竟强迫他们逐日输盐，根据贫富职业，分等强配。他不但加强私盐禁令，奖励告发人员，还规定人民买盐之后，一天没有吃光，隔了一夜，便当作私盐论罪。这种惨酷的虐政，激起了广大人民的痛恨。

为了维持封建专卖利益，缓和官自卖盐所引起的阶级矛盾，盐钞制度自非改革不可。从数字上看，沈括在三司任上时，陕西每年出钞达三百五十万贯，而人民实际需要才不过二百一十多万贯。多出的一百多万，便是虚钞。每钞本来值钱六千，现在下跌至二千五百。因此，商人便不肯入中，边储大闹恐慌，成为严重的问题。朝廷中议论盐法的，一天天增多起来。神宗不得已，在九年十一月里，把陕西转运使皮公弼召唤到开封，和三司一道讨论盐法利害。就在这个时候，沈括呈献出著名的政论——《盐蠹四说》：

第一，民间所需食盐，每年不过三十五万袋，折合现钱才二百十多万贯；现在却出钞三百五十万贯，超出很多。盐的消费有一定，而钞的印发无穷尽，盐钞被人贱视，正是这个原因。今后除去实用之外，可以多印二十万贯，防备水火等灾害损失。以二百万贯为常额，不得增加，钞法自然不会有起跌。

第二，池盐分东、西路，西盐比东盐价贱，约每袋钱一千，要压倒塞外奸盐，终于没有办到。平白压低西盐价格，来侵损东盐的利润，西盐日渐流入东路，而东盐更不易销售。虽在交界地方驻有官兵，也无法加以禁止。不如把东、西路的盐价划一，省掉几百个驻防官兵，那不是更好吗？

第三，过去出钞的权力，委给解盐司，这样决定增减的权柄，经常操持外司之手，也不管三司库藏有无。及至钞价跌落，又须出度支钱收敛滞钞。所以中央库藏日渐空虚，而盐钞则每年逾额。应令外司只须严谨出纳盐钞，把制钞的权力归还三司。

第四，令卖盐诸司价钱划一，不得任意高低，和商人争利，使得商盐岁售有常额，储蓄盐钞不致吃亏，这样藏在民间的滞钱，就可以通过购买盐钞出来流通了。①

---

① 李焘：《续资治通鉴长编》，卷280，引沈括《自志》。

首先沈括运用了供求律，来说明市场钞价剧烈波动的原因。并提出应按商品供给和需求相互影响的原理，紧缩盐钞发行量，规定合理比数后，不得任意加增，以达到供求平衡、制止物价波动目的，这是符合经济学法则的。值得注意的是，他不但要求将盐钞发行额固定下来，而且还主张盐钞的流通量，宜略少于需求量，时常保持一定的储备数目，以便于在流通过程中，遇到意外损耗，可以随时补充。这对调节盐钞流通量，维持钞值不变，是个有效的措施。这里又可以看到沈括考虑问题是多么周密细致。其次，他又主张统一销售价格，消灭当时的地区差异和官商差异，反对贬价竞争，保护商人利益，以促使盐货畅销，钞值稳定。此外他又建议把轻重敛散之权，收回中央的三司，这里面含有中央集权意思，但主要还是因为可以统筹办理，发行额更便于控制，不致再出现滥发弊端。

后来由沈括领头提出的改革方案，就是依照这个文件精神进行的。执行的时候，曾分作后列几个步骤：

一、**收买旧钞** 三司说："今欲更张前弊，必先收旧钞，点印旧盐，行贴纳之法。然后自变法日为始，尽买旧钞入官，其已请出盐，立限许人自陈，准新价贴纳钱，印盐席，给公据。"[1] 旧钞跌价既因滥发所致，要改革自非收回旧钞不可。收买西盐旧钞本钱，是从少府借垫的；南、东盐是内藏府借垫的，总数合计一百多万贯。候收到商人贴纳盐价后，再行拨钱归还。收买旧钞，一律以时价计值：南、东盐一席，不超过三千五百；西盐一席，不超过二千五百。收买的办法，三成支给现钱，七成照沿边入中钞价支给新引。[2] 实行的结果，据说是"公私之钞悉上"，而偿还所贷买钞本钱时，却"不失一钱，而盐利复贯"[3]。可见这次收买，办得很有成绩。

二、**调整盐价** 旧钞收买已毕，虚钞现象消失，钞价回升到原来每席六千数字，就定为南、东盐钞价；同时西盐价目，也调整到五千五百。凡商人持有旧钞，如果未曾出盐，或者已经支盐还未出卖，三司即据贴纳法，令他照价补足；南、东盐每席贴纳二千五百，西盐每席三千。贴纳停妥，便即换给新钞，或发给一纸限期出售的公据。提举司出卖官盐，也依照这个规定，一样将价钱贴纳十足。三司将出钞数字，稳定在二百三十万

---

① 李焘：《续资治通鉴长编》，卷280。
② 《宋会要辑稿·食货》二四之15。
③ 李焘：《续资治通鉴长编》，卷280，引沈括《自志》。

贯，这是参酌了产地支盐情况，根据各年平均数拟定的。后来沈括离开三司，这个数目有了增加，改以二百四十二万为额。增加的原因，是西盐价格已经提高，和东盐价格相等。限制盐钞发行额，和消灭盐价地区性差异，都是沈括四说里面曾经提到过的。

宋朝解州的池盐场（采自宋人苏颂《图经本草》）

三、扩大商销范围 解盐的行销，共有东、西、南三个区域，也就是上文所说的三路：东路约在今山西、河南和山东，西路约在今陕西大部和甘肃东部，南路约在今陕南、鄂北、豫南等地。自宋初以来，三区人民所吃解盐，官销商销，变化不定。及至范祥改行钞法，才将官销地区也改为商卖，罢去运盐差役，这对推销积滞盐货，增加府库收入，都有很大好处。后来章惇做三司使，受官销利润优厚的诱惑，曾在三路商销地区恢复了官卖，商销范围缩小，影响到盐钞滞销，粮贵盐贱，物价波动剧烈。加上官自卖盐，流弊百出，所以当时三司说道：

盐法的弊坏，是因为熙河地区盐钞逾额的缘故。盐钞逾额，所以钞价便低落；钞价低落便形成粮草涨价。又因东、西、南三路通商州县，实行榷卖官盐，所以商旅便不通行。这样看来，盐法不得不改，官卖不得不罢。①

经过研究后，便在1077年（熙宁十年）三月，宣布河阳（今河南孟县②西）、同（陕西大荔）、华（陕西华县）、解、河中、陕（河南三门峡市）等六个府州，和陈留（河南开封）等十一县，由官卖改为商销；其余邻接京东、河北路的曹（今山东菏泽南）、濮（山东濮县③东）等八府州，和阳武（河南原阳）等九县，仍由官销。官销办法虽未完全革除，但是商销范围扩充了，对盐货流通和维持钞值，显然是有利的。

曾经有人这样说，沈括最初讨好王安石，因为安石赞同官销法，所以沈也反对取消三路官卖制度；直至安石罢相之后，他才看风转舵，同意商销政策。这种说法，始见于司马光《涑水纪闻》④，后来李焘撰著《续资治通鉴长编》，元人编纂《宋史》，都根据了它。可是司马光是著名的顽固派，他对新党很有成见，所以不足深信。加上屈指算来，沈括和皮公弼讨论盐法时，安石早已离开相位，所谓讨好安石者，更属无从谈起，显系一种谣言。何况从沈括著作中，透露他拥护商销的态度，是前后一贯的。例如《梦溪笔谈》说：

陕西颗盐，旧法官自搬运，自己置务出卖。兵部员外郎范祥创始钞法，令商人在边郡入钱四贯八百，售给一钞，至解池请盐二百斤，任从他们自卖，所得钱用来供应边需。这样就节省了几十郡搬运的劳苦，往时因运盐役死的辇车牛驴，每年多至以万计数；人们犯禁得罪的，数也数不尽，到这个时候，这种现象都看不见了。⑤

---

① 《宋会要辑稿·食货》二四之13。
② 河南孟县，现为河南省孟州市。——编者注
③ 山东濮县，现已撤销。宋朝时的濮州，在今山东省菏泽市鄄城县北。——编者注
④ 司马光：《涑水记闻》，卷15。
⑤ 沈括：《梦溪笔谈》，卷11。

又说：

> 河北盐法，太祖皇帝曾降下墨敕，准许民间贩卖，只要征收税钱，不许官府禁榷。后来官司屡请封禁，仁宗皇帝批诏说："朕终不使河北百姓食贵盐。"献议的人，免官的免官，外放的外放，都分别给予处分。河北父老，都在掌上掬着一把灰，点火烧香，望阙祝欢呼称谢。熙宁中又有人献谋，想实行禁榷，那时我在三司，访求两朝所降墨敕，都没有下落。不过人人都能背诵出它的语句；官卖的建议也平息下去。①

这些事实，有力地驳斥所谓沈括本不赞成通商之说。

四、恢复平准措施　为着平衡产地和京师盐价，范祥改行钞法时，曾在京师都盐院附设平准盐价、钞价组织。三司拨给本钱，专为抛收市面盐货，平衡当地价格之用。商人在陕西入中后，带了盐、钞来至京师，倘遇盐价低落，便要亏蚀本钱。这时都盐院可以启用储备本钱，购买商人的盐和钞。倘遇盐价上涨，便可将所买的盐向市场抛售，来压低市面盐价。这原是范祥钞法中一项重要措施，沈括对这个办法赞美不绝，他说：

> 钞法行用得日子长久，盐价不时有起有跌，又在京师置都盐院，由陕西转运使自己遣官主持。凡京师食盐价格，每斤不到三十五钱，便只收而不发，使盐价增长；超过四十钱时，便大量发放库存的盐，来压低商人利润。使盐有常价，钞有定数。执行了几十年，到今天仍然有着良好的效果。②

沈括所说的几十年，是一个大略的数字。因为在熙宁年间，包括沈括在三司时期，这种制度也曾废弛过。直至十年八月他已经离三司，才由三司拨借三十万贯本钱，恢复这一项措施。改革到这一步骤，时间既然紧跟

---

① 沈括：《梦溪笔谈》，卷11。
② 同上。这里沈括所说置院和遣官主持都有错误，都盐院宋初本有，见《宋会要辑稿·职官》五之67。平准盐钞由都盐院监官兼领，见李焘：《续资治通鉴长编》，卷187。

在他离职之后，那么在决定的时刻，多少不免有沈括的意见参预在里面。因为每一项改革措施，都必定经过较长时间的考虑，而不是仓促间见诸实行的。上引记载中，沈括原说的"至今以为利也"，是出于他晚年之所见，说明恢复这种措施后，的确收到显著成效。沈括看到亲自栽植的，得到开花结果，其深感愉快的心情，真是溢于言表了。

沈括的货币论

沈括在三司的第二项主要活动，是讨论钱币的发行问题。首先是，他反对将铁钱的行使范围，扩大到河北地区。宋朝币制本来很混乱，主要的货币有钱币，有金银，也有交子（纸币）。钱币里面，也有铜钱和铁钱的分别。铜钱在大部分地区行使，铁钱是在四川、陕西、河东行使。同是使用铁钱，情况也有差异，四川是完全用铁钱的，陕西、河东却夹杂着使用铜、铁钱。铁钱价值低贱，普遍受到看轻。又自北宋中叶后，和西夏发生战争，军费用度激增，官府多方搜括，就铸造以一当几的大钱，这种大钱一出，实际就是通货膨胀，币值跟着下降，物贵钱贱，而且私铸增多。特别是在铜、铁钱并用地区，本来就有两种币值，再加上大钱、小钱，市面混乱已极。

陕西、河东人民，因为贱视铁钱，都把铜钱收藏起来，市面上尽是铁钱，物价也跟着上涨。又因地理和辽人接壤，铜钱不断被辽人用铁钱套取，铁币更多，价值愈低落。另一方面，铸造铁钱成本很低，铸成后获利丰厚，所以人多冒禁私铸，一时不易制止。事实说明，宋仁宗最初在何东推行铁钱，已经出现私铸众多、钱轻货重的现象，一般与陕西情况

宋神宗熙宁年间铸造的熙宁元宝，钱面所铸文字使用篆书。

无异。① 后来停止在河东铸造铁钱，正是因为这个缘故。所以当熙宁十年河北转运使建议，要在当地铸铁钱二十万贯来补助行政经费时，沈括便以为应该吸取已往河东的教训。他说：

> 旧时河东也曾铸过铁钱，人民冒死犯禁的，每年上千计算，私钱很多，百姓失业，货物不售，铸钱终于停止了。现时河北的磁、邢等州，铁产和泥土各占一半，铁钱开铸之后，人民看到利之所在，忍死冒犯法令的，必将多至禁无可禁。②

他一方面根据历史经验和发行货币的法则，一方面还注意到地区的特殊环境。由于河北产铁的丰富，推论到如果行使铁钱，私铸问题更加严重，官府必然得不偿失。因此他主张统筹兼顾，减少陕西铜钱铸额，而在河北铸造十万贯折二铜钱，在陕西添铸十万贯折二铁钱。这样一来，河北不用变更币制，却增添了一笔货币，岂非两全其利？

其次，沈括在三司使任内，曾写过一篇奏章，表达了他出色的货币理论。有一次宋神宗问及，何以当时公私都储藏钱币，发生钱币异常枯竭的现象。他就论列钱荒之所以发生，共有八个原因。其中有两个是没法补救的，一是"天下生齿岁蕃，公私之用日蔓"，也就是人口日增，费用日繁，钱币有不敷的感觉。二是水、火等灾害的损耗，数量也是很大，所以说是"水火沦败刊缺者，莫知其几何"。有五个是可以设法弥补的：一是开放铜禁之后，销钱为器的情况很严重，因为将钱改铸铜器，得利可以十倍。二是盐钞制度时常改变，丧失了民间的信用，从前富家多藏盐钞，现在却宁可储藏货币，"不得已而售钞者，朝得则夕贸之，故钞不留而钱益不出"。三是古代可以用作货币的物品种类繁多，现在用作货币的，专赖于钱；像金银等贵重物品，只制成器皿而不用以为币，这样为币之路甚狭。四是官府库藏的钱币很多，"今至小之邑，常平之蓄不减万缗"，都不投入市场流通，钱币自感不足。五是邻近四境各族都用北宋铜钱，"岁阑出塞外者不赀"③。这就是个很大的漏洞。

最后还有一个"无足患"的原因，那就是河（今甘肃临夏）、湟（青海乐

---

① 《宋史》，卷180，《食货志》。
② 李焘：《续资治通鉴长编》，卷283。
③ 同上。

都）比较偏僻地区，每年从京师运往边塞的货币，不下几十万贯。同时洮（甘肃临潭西）、岷（甘肃岷县）之间，冶铁鼓铸的又四十万贯，积蓄在三州境内。三州的物产有限，往时粟一斗才值百钱，现在增加至四五倍，这是钱币过多的弊端。如果不设法疏泄，几十年之后，刍粟的价格又何止石值一钟？现在不如使它流入羌中，听从人民私相交易，官府按贯征钱，几十年内便可得几万贯。将我们积滞的钱币，掉换回战马、生羊等有用之物。每年购入刍粟，又可节省几倍价钱，一举而数得。京师每年输送的钱，改用券钞抵当，不但省掉运输的劳苦，而且流泄出外的，不过是岷山的铁罢了。所以说是不足为害。

从这个奏章的议论看出，沈括的货币思想，最主要有四点：

一、他论述了货币流通量与人口的关系，认为人口不断增加，和货币支付的日益庞大，社会对货币需要量的激增，是构成市面通货缺乏的原因之一。这种看法可说有其正确的一面，但是人口的增加，不单只扩大了消费者，同时也扩大了社会的生产量。生产力提高，社会财富增多，货币购买力也随着提高，币值就可以稳定。所以沈括视这一点为不可救药，这是值得商榷的。

二、和当时许多政论家一样，他批评了政府的对外贸易政策，认为应当恢复铜钱出境的禁令。这项禁令的解除，只不过是熙宁七年的事，但是它的影响是严重的，正是"边关重车而出，海舶饱载而回"。加上"民间销毁无复可办，销熔十钱，得精铜一两，造作器用，获利五倍"[1]，这自然都是钱荒的重要原因。不过沈括的主张，也还不是彻底的。他只提出禁止铜钱走私，并没有牵涉到那种公然征税，允许铜钱出口的政策。同时又把铁钱例外，主张利用河湟地区的铁钱外泄，来调节当地的货币流通量。采取输出手段来紧缩通货，只是一种饮鸩止渴的办法。因为铁钱外泄，也将影响境内铁源缺乏，因而直接妨碍到生产。而且禁例一开，虽说只许铁钱出界，事实上铜钱的外泄，势将难以遏止。这将是一个很难堵塞的漏洞。和他恢复钱禁的论调，显然互相矛盾。

三、他也论及解决缺乏通货的办法，提出了坚持盐钞政策，将盐钞发展成类似信用货币性质的券据，代替钱币，作为人民宝藏的手段。让市场能大量吸收通货，来加速它的流通率。同时他赞成用金、银等来辅

---

[1] 《宋史》，卷180，《食货志》。沈括奏章说"利至于十倍"。"五倍""十倍"不一定是确数，大概都是习惯用语，极言其多的意思。

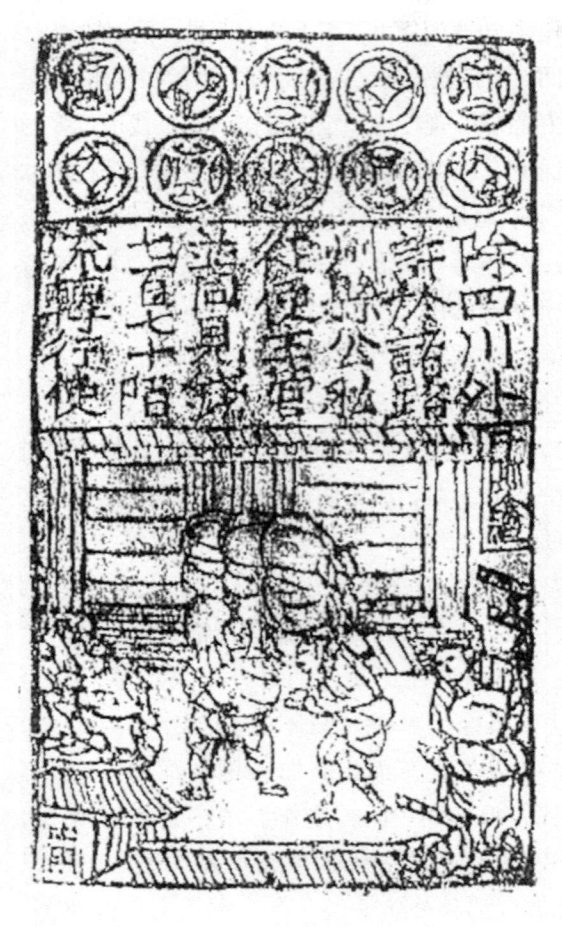

北宋时期最早出现于四川的"交子"。这是世界上最早的纸币。

助流通,"则为币之路益广,而钱之利稍分矣"①。增加货币种类,来调剂货币流通量。这个卓越的见解,在当时是很难得的。他又指出"民贫为(金、银)器者寡"。是他大声疾呼,千百万劳动人民生活在贫困的环境里面,没有资格享用金、银奢侈器皿,这就使得金、银价值低落。将来用在货币上,才能化无用为有用,既可充分发挥它的效能,又可减轻钱币不足的现象。这种思想,也是很有进步意义的。

四、他很注意增加货币流转率的必要性,对这个问题的阐述,比较他的先驱者说得更加明确和透彻。他认为货币一旦被看成为宝藏手段时,就会失去了货币的价值。因为之货币的作用,要在流通时才能发生,皮藏不用,等于不是货币。比如一个"十室之邑",有十万钱皮藏在一家,一百年积压起来,只能保有十万个钱;如果拿来放在十家里面,让它不断地流转,十家遍享十万之利,结果便发挥了一百万钱的效用。"迁而不已,钱不可胜计。"流通的频率愈高,就等于有无数钱币在使用。这种货币流通速度的见解,在欧洲经济济思想史中,要等到17世纪才有人提出,

---

① 李焘:《续资治通鉴长编》,卷283。

比沈括晚一百年。①

总之，沈括所持货币见解，较他的先驱者更加完整，更有系统。理论核心所在，乃阐明调节货币流通量的必要，使市面上钱币流通和社会对货币的需要量相适应。不宜于发行过多，过多会引起物价激涨；也不宜于过少，过少便会闹钱荒，失去发行通货的作用。至于恢复铜禁，整顿盐钞，增加货币种类，奖励货币流通等等，都是达到这个目的的一些具体办法。北宋封建经济有了高度发展，商品交换盛行，货币流通需要激增，促成这种思想的出现。

---

① 彭信威：《中国货币史》，上海人民出版社，1958年第一版，页356。

减免下户役钱议

　　这里我们要谈及沈括讨论两浙役法的问题。沈括就是为这个问题得罪，这才离开三司使职务的。上面我们谈到，他曾经参预制定新役法，不想就在这个役法制定后六年，即熙宁十年的七月里，竟蒙受别人可耻的诬蔑，背上反对新役法的罪名，罢去权三司使，离开了中央政府，出知外州去了。说将起来，使人的确有点怀疑，沈括到底为什么背上这个罪名的？他对新法忠实的态度是否变了卦？是否真正像他政敌所说的变成了一个投机政客？这一连串问题，对研究沈括这个人物，都有弄清楚的必要。

　　两浙役法执行问题，早在沈括察访该地时期，便已经有人提出来了。这个提出来的人，是当时的权发遣淮南西路提点刑狱陈枢，事情发生在熙宁六年年底。他的上言说：

　　　　两浙第五等户约有一百万，出役钱才五六万贯，收入不多而负担的人甚众。旧时第五等户没有徭役，请允许将他们的役钱蠲免。[1]

　　据记载陈枢的奏请获得了批准，并且在次年正月有过一道诏旨，命两浙察访、转运、提点刑狱、提举司共同相度，说第五等户所出役钱至少，如果减放后用宽剩钱足够补充支销，便可即行蠲免。又有不分等第人户，原来只按家产或所纳税钱比例出役钱，可定截至若干贯百以下的，给予放免。[2]这封诏书头一个就是下给沈括，内容说得也很明白。经过研究以后，不知

---

[1] 李焘：《续资治通鉴长编》，卷248。
[2] 同上，卷249。

为什么竟未见诸实行。但据沈括调查结果，下户负担的确沉重，农村人民生活困苦，多半认为役钱给他们带来许多不便。这使沈括下定决心，继续设法为两浙下户减免这宗不合理的负担。

自完成察访任务回京后，他上书讨论役法利害，已不止一次了。几次上书的内容，现在已不可得而详知。中枢对沈括奏书如何处理，也没有留下些少记载。只不过从事实表明，沈括的请求落了空，因为两浙的贫民下户，对役钱的负担依然如故。在多次役法讨论中，有两次是留下了记录的：一次是沈括在熙宁九年十一月的上书，大意说：

> 先前兼任两浙察访时，查得本路自行役法后，乡村和旧时没有摇役负担的人，多半认为不便，也曾屡次举出利害，请减去下户役钱。细查役法本意，在替人民均财惜力，所以役重的人不可不给以帮助，无役的人不可不使他负担一些。依我看来，不如使无役的人输钱，役重的人受俸禄，役轻的依摇役法办事。现今州县差役，最重莫过衙前、耆户长、散从官之类。衙前用坊场河渡钱雇募，便足够支用；其余取自坊郭、官户、女户、单丁、寺观所纳，加上坊场河渡余钱，也是供俸禄之需。出役钱的户数不多，州县容易督征，轻重相补，民力自然均衡。①

这次上书之后，朝廷的回答是："诏司农寺相度以闻。"司农寺是当时新政的立法机关，沈括的建议关系役法执行，所以送交该寺审核。至于相度后结果如何，就看不见有下文了。

最后一次讨论，是沈括和宰相吴充当面进行的。一天当沈括为了请示公务进入相府，吴充向他提到役法的事情。

"免役法颁布日久，但是民间的非议至今未绝，到底是什么缘故？这项法令对人民讲来，究竟利害怎样？"吴充问道。

"说役法顶不好的，莫过于士大夫和城里住民。过去他们免去摇役负担，过惯舒适的日子，现在叫他们和农民一样也要输纳役钱，岂有不反对的道理？他们诋毁新政，丝毫不值得同情。只有那些贫苦微户，向来没有

---

① 《宋会要辑稿·食货》六五之16。

差徭，如今也叫他们每年出钱，他们的困难，才是我们应当顾念的。我曾经奏议说，两浙年中税收总额，可以裁减五万贯，便可使二十八万多微户，得到免除役钱。全国都能这样，尽除微户所输役钱，就算给他们一点轻微力役，还不致有什么害处。"沈括回答。①

吴充听说，立刻表示同意，就把这个意思写成奏章，并得到朝廷认可。事情本来已经过去了，可是不久以后，他的役法建议，竟成为他的政敌御史蔡确攻击的借日。当时蔡确弹劾沈括，曾列举出四大"罪状"：一、"阴谋以异论干执政，欲变更役法。"② 二、"非其职而遽请变法。"③ 企图"依附大臣，巧为身谋"④。三、"既见朝廷法令有所未便，不明上章疏，而但于执政处阴献其说。"⑤ 四、"颇僻翻覆，挟私害政。"⑥ 一、二两项是诬指沈括在王安石罢相后，为了保持个人权位，结纳新执政大臣，越职言事，阴谋破坏役法。三、四两项是胡说沈括行为诡秘，不敢公然奏请，却私自跑进相府，鬼鬼祟祟献计。加上起先只说减少两浙下户役钱，后来又说要免除净尽，前后矛盾，反复无常。

事实怎么样呢？新役法创立时，的确像沈括所说的那样，包含有"均财惜力"的意思。所以最初拟定法规时，农村中第四、五等户，城市中的六等以下户，亦即最贫苦的下户，都可以免出役钱。而过去免掉摇役的官僚地主、寺院地主和城市商人，现在都要出钱助役。但是这个法令在执行的时刻，却因各地情况不同，允许"从所便为法"⑦，这样在各地区所拟具体方案，都保持着很大灵活性，做法上出现了分歧。有很多地方制定法规，贫苦的下等人户也要输纳役钱。两浙的事例就比较突出。那里本来规定，城市居民家产不满二百贯，乡村人家不满五十贯，不用输纳免役钱。执行不久之后，就走了原样，连农村里不满五十贯家产的，也同样出免役钱了。⑧

---

① 李焘：《续资治通鉴长编》，卷283，注，引沈括《自志》。
② 同上，卷283。
③ 《宋会要辑稿·食货》六五之20。
④ 王称：《东都事略》，卷86，《沈括传》。
⑤ 同注③。
⑥ 同注②。
⑦ 《宋史》，卷177《食货志》。
⑧ 同上。

沈括讨论役法时的立论，正是拿出新法的尺度，衡量两浙的这些事实。旧时实行差役，表面上按户等高下承担，实际上各地贫富悬殊，大官僚大地主却享受免役待遇，贫苦下户似无差役，其实负担显见非轻。不过一般只是轮流充役，用不着年年当差，稍微有个喘息的机会。如今改行募役新法，原来不是每年服役的农民，却教他年年付出役钱，这对贫苦人民来说，岂不是反为不妙吗？引起他们的不满，可说是理所当然。沈括提出"无役者输钱，役重者受禄，轻役自依徭法"的原则，正是新法制定时的原则。要求免除下户役钱，只让他们负担轻微徭役，这是完全符合新法精神，对广大劳动人民有益的。他请求改革的，正是那些有碍新法推行，违反原来立法精神的现象。沈括此举，是在那里维护新法，不是要求变更役法。

说到越职言事和私献计谋，这也是欠缺事实根据的。管理财政的三司，和主持变法的司农寺，虽然不相统属；但是征钱募役，关系封建国家的财政收支。当时免役钱一项，实在是北宋政府的重要财源。内外胥吏俸禄，全靠这笔经费开支。为什么管理全国财政的三司使，会没有权力过问呢？而且沈括提出这个问题，已经不是一朝一夕；他曾一再公开上奏，却没有得到结果。最后在相府的谈论，也不过请示公事之余，回答了吴充的询问，决不是什么私人献策。

至于议论内容，是否前后矛盾，还是反复无常？我们最好看看沈括自己的剖白：

> 御史诋毁我说，往时不过议请减少征课，现在又暗中改换说法，要求把役钱通通除掉。首鼠乖剌，阴谋破坏司农立法。我坐此得罪，谪官集贤学士知宣州。御史实在未曾考虑过，从一路来说是减少，一从一户来说是免除罢了。①

具体说来，两浙岁入减少五万贯，这叫做减少；二十八万家免去役钱，这叫做免除。本来不是什么深奥难懂的道理，蔡确之所以偏偏这样说，无疑地是有意歪曲，用此来作攻击沈括的把柄，并非真正没有考虑。

---

① 李焘：《续资治通鉴长编》，卷283，注，引沈括《自志》。

也许读者会问,在以前多次争论中,宋神宗几乎无例外地袒护沈括,但在这次仅仅被人放出一支冷箭,根据一些不确不实的"罪状",就将沈括从三司使位置上,一棒打将下来,未免使人茫然不解。是的,事实的确是那样。不过历史的变化是复杂的,而且往往是瞬息万变的。只是万变不离其宗,如果仔细考察形势的演变,要找出一条解答的线索,也不会感觉十分困难。自从王安石罢相,宋神宗对变法的态度已经起了一阵变化。这时安石所主张的"摧抑兼并""均济贫乏"思想,已经逐渐被冲淡,不是神宗和当权者之所急了。就神宗本人来说,他虽仍热衷于富国强兵,但对新党主张,并不像过去那样处处支持了。沈括对两浙役法的建议,迟迟没有得到实现,都和这点大有关系。最后因为一纸莫须有的罪状,就糊里糊涂地断送了沈括的前程,这也不难理解的。

何况免役钱的收入,已被视为增加国库收入的重要手段,所谓"均财惜力",已经不是首要的了。据说吴充把沈括的意思奏行过,推行的结果怎样,也没有得到明证。看来这个主张,很难真正贯彻。我们对它的作用,是不能估计过高的。

其他政绩

沈括在三司，时间虽然不算长，但在这个期间，除了兼做"详定重修编敕"等编审工作外，一直专心致志在搞理财，生活比较安定，杂务也不多，能够在这方面做出很多成绩。上面所说的三项，不过是其中较为著名的罢了。除此以外，他的贡献还有好多。至迟在九年十二月，他的官职也升为权三司使，已不再带"发遣公事"等字眼。那时朝廷正在编修江淮八路盐法，牵涉到盐课增亏赏罚之类，系属三司管辖范围；同时沈括前往淮浙体量安抚时，有过办理盐务经验，所以命他和司农寺共同详定。①

次年正月，沈括又曾上书议论东南盐钞法。过去政府岁支河北边粟三百万贯，都出自东南盐钞，但近日榷货务收入大大减少，每日所得才不过十分之一。沈括上书分析了内中原因，主要有后列三点：一、省、寺等政府机关，私用盐钞贸易货物，放贷生息，任意升贬价格。商人投机取巧，百般图利，盐钞钞值日渐低落。二、各路转运司允许用田宅券契典押，盐商空手博取很多的盐，无须依赖所出盐钞，盐钞销路不畅。三、各地上缴中央钱财，又多采"便钱"方式，在京入纳钱币，持券到外州领款，可以节省运输劳苦。商人乐于此道，购买盐钞的更少。影响所及，盐货滞销，而榷货务收入大减，不利国家财计。他建议堵塞这些漏洞，果然不出一个月，榷货务每天一万贯的收入，很快就恢复了。②

其次他还总结了前人的理财经验，采择其中较有效果的，加以吸收继承。例如东南地区的均输法，就是重要的一项。唐时发运司在州县和籴米

---

① 李焘：《续资治通鉴长编》，卷279。
② 同上，卷280。这里沈括还提到便钱的问题，认为应当与盐钞并存不废，问题在于怎样以"二法相权"，即以售盐为主，以便钱来调剂其盈虚。他认识到在商业日益发达的时代，便钱对这一发展有利，这是一个非常卓越的见解。

粮，事先未能预知价格，必须将价目开列申禀，然后根据价值核算，价昂少购，便宜多购。发运司要集中州县价格，才能计数下达，等到州县接到公文，粮价已经上涨，以致官府经常高价买入。刘晏掌理财政，令交通方便的产米州县，将几十年来的籴数和籴价，分为五等，列成表格，交给主持官吏。等粮价一定，不用申禀，即时廪收：凡第一价籴第五数，第五价便籴第一数；第二价籴第四数，第四价便籴第二数，其余由此类推；然后飞快递报给发运司。这样，粮贱的地方，可以尽量籴入，其余按等级比例籴进，各得其宜。发运司上总其成，"自此粟价未尝失时，各当本处丰俭，即日知价"。沈括做三司使时，曾将这个办法推行于东南。可以说是对熙宁二年颁行的均输法的具体补充。效果如何，虽没有留下记载，但是从他自记的事实看来，这对于政府和籴，的确是一种良好办法。①

　　他又想恢复茶的"三说法"。在规划的时候，翻阅了存档旧案，研究出三说法的真相，乃在边区号召商人入中现钱或粮草，分别极边、次边、缘边三级，算给不同待遇的茶钞杂货，也分博籴、便籴、直便三等。商人得钞领取茶货，便可以到指定地点出售。由于在极边地区，可得博籴待遇，利润较高，商人心想多得利润，争先到极边博籴，所以边粟储备时常充足，粮草价格也不翔贵。这个办法如果实行，对于充实边区储粮有很大的助益。可惜当他正着手设计的时候，突然被诬告罢职，结果没有得到实施。②

---

① 沈括：《梦溪笔谈》，卷11。
② 同上。

陆

在西北战场上效力

起用知延州

　　1077年（熙宁十年）七月，沈括罢免三司职务，守本官以集贤院学士出知宣州（今安徽宣城）去了。第二年神宗本想恢复他的知制诰官，并调他到潭州（湖南长沙）去知州事，又被蔡确阻拦没有成功。沈括仍然留在那里，待了差不多三年。直至1080年（元丰三年）六月，终于奉到改知延州（陕西延安），接替吕惠卿做鄜延路经略安抚使的命令。鄜延路是陕西的一个军区，管辖今陕西省的北部，在宋和西夏交界地方。宋人把陕西分成四路，设置帅府，防御西夏。陕西四路当中，鄜延最为冲要，是一个具有战略价值的重地，当西夏南来必经之路。沈括认为它"扼左袵之喉衿，执西冲之莞钥"①。这话一点没有说错。正因这样，宋朝在这里布置的边防军，数目较多。熙宁八年西北所置四十二将中，鄜延便占去九个；而且还筑有坚固的城防，所以又说是"鄜九将之锐师，揭百楼之峻垒"。经略安抚使不止管军，还兼管民，职权重大。沈括得以罪外调身份，短期内仍然得授方面之寄，说明神宗对他还很重视。

　　赴任之前，沈括特地入京走了一趟，得宋神宗召见，当面传授机宜。②等他到了陕西，神宗又一再责成他坚决负起重任，甚至曾经说过：

　　　　今一方边计，悉责在卿。一有阙误，必正典刑，凡事恻怛，勿为推责便文之计。③

---

① 沈括：《长兴集》，卷14，《延州谢到任表》。下引同。
② 同上："逮赐燕朝之对，再趋交戟之宸；威座初瞻，俯句陈而欲仆，温词载色，怳神观之顿还。"
③ 李焘：《续资治通鉴长编》，卷323。

对他的期望,又是这般殷切。所以会这样,和神宗对西北边境所本策略,是有密切关系的。长期以来,宋朝西北边疆受西夏统治者的威胁,一直很不宁静,成为宋人严重的祸患。神宗讲求富国强兵,首先要求摆脱西北所处窘境,西夏变为他的主要对手,就很自然的了。何况,和他统治的同时,西夏内部矛盾迭起,削弱了自己的统治,这和宋朝经过军事改革,所出现的一番新气象,恰是一个鲜明的对照。

西夏武士像。出土于黑水城(今内蒙古自治区阿拉善盟额济纳旗)。

早些时候,神宗本有出兵西北的打算,现在军事力量加强了,正如沈括所说的,"以至击刺驰射,皆尽夷夏之术"。财政力量也充实了,元丰初所置元丰库,羡余钱帛载满近百楹的房屋,贮备来作非常之用。[1]采取行动,此正其时。沈括既是文武全才,前番在河北措置,也曾大显身手;出使辽方交涉,又做得有声有色,博得人人称赞。要想经营西北,这样的人选恰好在需要上头。神宗所以起用沈括,当是这个缘故。

---

[1] 沈括:《梦溪笔谈》,卷3。李焘:《续资治通鉴长编》,卷330。

厉兵秣马，五路出击

回溯宋、夏关系，也是复杂而微妙的。远的且不去说，就是从赵元昊统治时（1032—1048年）开始，两方也是处于和战不常的状态。因为那时西夏的力量有了显著的发展，从最初的五个州，扩大到所谓"地方万里"，而且拥有勇敢的战士，达五十多万人。于是宋朝的西北边防，一天比一天吃紧。1040年一年中，曾发生过四次大战。元昊所率领的夏军，一度进至延州，在三川口大战，打败宋将刘平、石元孙，夺得塞门等五个寨堡。明年又进军渭州怀远城（今甘肃隆德东南），宋将任福率军拒战，大败于好水川（甘肃平凉西北），竟然全军覆没。元昊在战争当中，常在各地俘掠，大军所至，往往"焚荡庐舍，屠掠民畜"。沿边农牧业生产，曾不断遭受破坏。

后来到1044年，和约终于成立，宋朝每年给西大量财物，作为岁币。大规模冲突虽然暂时停止了，可是北宋人民平白增添一笔巨额的岁币负担。事实上宋人每年拿出这许多物资，依然没有换取永久的和平，边区烽火没有完全平息，正常的生产秩序不时要被阻扰。尤其在1066年边衅重开，宋朝的秦凤、泾原两路，屡次实受其害。宋神宗即位后，给西夏统治者一封诏书说：

西夏王陵3号陵，据推测即为西夏开国皇帝元昊的泰陵，俗称"昊王坟"。1038年，党项族领袖、夏王元昊正式称帝，建立西夏。后与宋议和，长期与宋、辽三足鼎立，互有征战。

> 朕以夏国累年以来，数兴兵甲，侵犯边陲，惊扰人民，诱迫熟户。去秋复直寇大顺，围迫城寨，焚烧村落，抗敌官军，边奏累闻。①

这个指责，当系根据事实。神宗要求发愤图强，不是无因而起。同时我们也可由此看到，为什么神宗要选择西夏作为他的对手了。

继元昊统治西夏的谅祚，生活腐化堕落，在他统治时代（1048—1068年），统治阶级矛盾剧烈，加上不断发动对宋战争，失去广大人民的支持，力量便开始削弱。谅祚死后，继位的秉常年方七岁，母后梁氏临朝，外戚柄政，形成亲军、反宋两派的矛盾。经过尖锐斗争后，亲宋派失败，将军李清被杀，秉常被囚禁。这时贵族内部矛盾重重，梁氏的好战政策又遭人民反对，大大削弱了这个政权的统治，使宋人得到了可乘之机。早在1067年宋将种谔夺取绥州（今陕西绥德），1071年败夏人于啰兀（陕西米脂西北）；秦凤沿边安抚使王韶，在"欲取西夏当先复河湟"的口号下，出兵攻取熙河，这些都是宋人经营西北的序幕。

宋神宗本人，早想主动出兵解除西夏对宋的威胁，知庆州俞充、鄜延总管种谔也主张趁西夏内部政变的机会，出兵反击；沈括这时也是主战的。② 这次他一到延州，便为了执行神宗的出兵政策，积极备起战来。事实在吕惠卿出守时期，延州已经有了一些筹划；惠卿丧母离职，神宗才起用沈括。经过一年多时间，一面继续惠卿未了工作，把四路边防事宜措置完成；一面和新任鄜延经略安抚副使种谔，秘密商量出兵方面的事情。由中央调到本路的人马，已先后到达。各种兵器杂物等军需品，也从京师经水路运至西京（今河南洛阳），从那里用民夫和车源源不绝运入陕西。③ 沈括更把当地人民组织起来，挑选年轻力壮的人，教他们学使武器，鼓励他们练习武艺。特别令他们参加骑术、射箭等比赛，遇有武艺超群的，便亲自请他前来相见，把盏劝饮，来表示慰劳，还赠赏许多钱物，用作奖励。于是延州人民，都把挽弓射箭当作一种荣耀，人人争奋，唯恐落后。在一

---

① 《宋史纪事本末》，卷40。
② 李焘：《续资治通鉴长编》，卷330。
③ 同上，卷305、卷313。

年里面，挑选了勇士一千多人，补充入军队内，大大加强了边防军的实力。①

  1080年（元丰三年），陕西前线表面似乎安静，实际上谍报频传，说西夏人不断结集兵力，甚至企图在河州越界筑堡。这使宋朝的西北边，一直不敢放松戒备。就在1081年（元丰四年）六月，西夏太后梁氏剥夺国君秉常政柄，杀死亲宋派将军李清，由自己独擅朝政。梁氏态度一向敌视北宋，因此这个政变意味着即将爆发战争。对宋人来说，局势的发展有利有不利：有利的是西夏发生内部斗争，自己削弱了国力；而且梁氏发动战争，是不得民心的。这使宋人有机可乘，借此摆脱长期以来西北的威胁。不利的是梁氏政权如果巩固，那么西北的隐忧方兴未艾，有朝一日恢复到四十年前那种不可收拾的地步，也丝毫不足为奇。到那时宋朝内部，军需劳役的重担，必将严重地压在人民身上，导致深刻的阶级矛盾，加剧地主政权的危机。所以种谔、沈括等主张出兵，不能否认它是一种防御性质。加上西夏境内的汉人，受党项统治阶级的压迫，常有思汉之心，渴望解除这种压迫。如果像旧史那样，对沈括等一律讥评为好战，自然是不公允的。

  这年七月，宋人会合五路大兵，分道出击。哪五路呢？一、环庆路，统帅高遵裕；二、泾原路，统帅刘昌祚；三、熙河正路，统帅李宪；四、鄜延路，统帅种谔；五、河东路，统帅王中正。这是宋廷下了决心，要求改变积弱局面，在对夏关系上易被动为主动的重大措施。沈括镇守的鄜延，划分为其中的一路；也是在这次出击中，战绩最辉煌的一路。这路军的统帅，

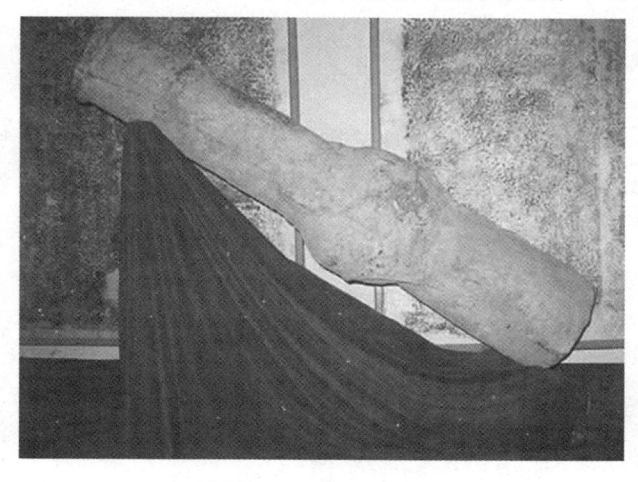

西夏铜火炮。这是迄今为止所发现的世界上最古老的金属火炮。

第六章　在西北战场上效力

---

① 《宋史》，卷331，《沈括传》。

由经略副使种谔担任。九月，种谔带着鄜延兵五万四千，畿内七将兵三万九千，分为七军，自绥德城（今陕西绥德）出塞，列成方阵前进。米脂寨（陕西米脂）的围攻战，大败西夏所派救兵。四日之后，接着又在无定河畔，获得一次歼灭八千人的巨大胜利。夏兵溃退，自相践踏，无定河水，为之不流。宋军俘到马三千匹，骆驼、牛、羊等过万；兵器、甲胄无数。十月，终于迫使米脂守将投降。这是沈括领导下夺取六个边堡中的第一个，鄜延路立了出界头一功。

种谔未遇抵抗，即夺取石州（米脂西北）、夏州（陕西横山西）、银州（米脂西北）。但因夏人采用"坚壁清野"计策，诱致宋军深入，种谔奉命会师灵州（宁夏灵武南），自夏州前进时，便感粮饷缺乏，十一月，驻军麻家平，士兵饥饿，至面无人色。尽管这样，却仍然大败夏人于黑水堡（陕西安定城北百里），斩首一千七百级。后来第二次进攻银、石、夏州，在石堡城（横山西南）斩获甚众。进至夏州南面的索家平，军食缺乏，行八日到盐州（宁夏盐池西北），又遇大雪，饥寒交迫，死者不可胜计。种谔迫不得已，只得急忙撤兵。其他各路军遭遇，也和鄜延差不多。攻至灵州的环庆兵，围城十八日，不能攻克，反被夏军决开黄河，引水淹灌入营，大败狼狈撤回界内。[1]

---

[1] 以上叙述，主要参考张鉴：《西夏纪事本末》，卷24。

顺宁之战和诸寨的占领

种谔出界后，沈括留守后方，责任十分重大。在鄜延路对境，夏人结集了大量兵力，随时准备出动。因此沈括无时无刻，不在提高警觉，以防夏军侵袭。他已经部署停妥，遇有夏人乘虚入境，即令监司或次官代行州事，自己亲领在城中军队前往照应。① 是年十月，果然不出所料，在米脂寨战败的夏将梁永能，打探到德靖寨（今陕西志丹西北）兵都随种谔出界，趁着鄜延西路兵少，便想偷袭德靖。可是沈括老早就有了准备，等到夏军入界，立刻出兵拒战，将他们击败，永能只得领兵后撤。② 同月夏兵数万合围顺宁寨（志丹北四十里），宋军想入寨闭壁，图谋自保。沈括认为这个策划，首先就示弱于人，助长对方的傲气。他遣派前锋李达，带着一千多人出城，具备十万人的粮食，声言沈括带兵随后就到。一面散布疑阵，一面使骁将景思谊等，带领三千人和夏兵接触，夏人以事出不意，纷纷惊惧溃散。沈括攻下了磨崖寨，俘获男女万人，牛、羊三万头。③

顺宁之战以少胜多，显出沈括调度有方，善于临机应变，很有军事才能。他在陕西最有名功绩，当推细浮图、吴堡、义合、葭芦等四寨的攻占。前三寨的得手，紧跟在顺宁战役之后。这三个寨的西夏守兵，自经顺宁创败，天天害怕宋军前来进攻。十一月，适值前线撤退的河东路兵，路过鄜延，沈括利用这个机会，令骑将焦思在绥德城盛陈兵备，耀武扬威；并且放出空气说，沈括兼护河东十二将，即将会师西讨。西夏人听到了，又看见宋人军势甚盛，急忙连夜北走。沈括不发一箭，便占领浮图城。吴

---

① 李焘：《续资治通鉴长编》，卷316。
② 吴广成：《西夏书事》，卷25。
③ 李焘：《续资治通鉴长编》，卷318。

堡、义合两寨因势力孤单，就留下两个空堡，跟着北撤。①

葭芦寨的攻克，事在1082年（元丰五年）四月。先是陕西诸路，奉宋廷诏旨说：

> 陕西诸路，日者频有西贼入寇，宜令逐路经略司严诫城守，密伺贼马所在，悉行讨戮。②

就在元丰五年三月，鄜延守军取得了金汤大捷。金汤在保安军（陕西志丹）西北约一百里，灵州大战后，西夏统治者想趁宋军战败，乘虚袭击鄜州（陕西鄜县③），命宥州观察使格众，带着三万军士，屯驻在金汤堡。他们的意图，是要将这个城堡作为南进的基地。沈括侦知西夏此举，为了先发制人，使副总管曲珍率步骑兵二万，声称要出鄜延东路袭击葭芦寨。西夏人果然中计，把兵力调集东路去了。这么一来，金汤守备空虚，曲珍一军行了几里，却勒转马头返旗而西，三日进至金汤。格众措手不及，仓促迎战，大败。宋军活捉了格众，斩杀士卒两千人，打了一个漂亮的胜仗。这次战役，是攻取葭芦寨的前奏。

葭芦寨的攻克，关键又在明堂川（米脂东北）一战。自从金汤获胜，沈括便决定夺取葭芦。他遣曲珍驻屯在绥德城，把这里作为前进基地。这一意图也被西夏侦知，梁氏调发一万人，扼守明堂川险要，以阻止曲珍前进。沈括看见正面攻明堂川，不易制胜，暗地派遣别将李仪，绕道河东境内的客台津，连夜渡河袭击葭芦寨。河东将訾虎率领的精甲兵，也前来会合。夏人遣兵回救，和李仪展开剧战，大败。曲珍从正面进军配合，乘胜占领葭芦。④ 此外还有一个塞门寨，不知宋人何时攻下，只知道元丰四年十一月，它和浮图一同置寨，可能和细浮图等几个寨同时占领。各寨占领后，宋朝得到了大片土地，筑寨置兵，增强了西北的边防力量。而沈括直接指挥这些战争，亲自制定作战方略，在这方面起了很大的作用。

---

① 李焘：《续资治通鉴长编》，卷319。
② 同上，卷323。
③ 陕西鄜县，现为陕西省延安市富县。——编者注
④ 吴广成：《西夏书事》，卷26。

"应付边事有劳"

上述一系列活动，使宋人在灵州败后，动荡的西北边，得到稳定下来。以致西夏获胜之后，不能趁机向南追击，深入宋境。得到这收获，和沈括经营寨堡，及其他善后措施，都有密切关系。元丰五年二月，因为他在"本路出兵，守安疆界，应付边事有劳"①，宋廷给他以奖励，自龙图阁待制迁官龙图阁直学士。究竟沈括应付边事，有些什么劳绩，因而受到奖励呢？概括起来，约有如下几点：

一、他采取主动战略，一再抵御西夏军队的暗袭，阻塞西夏南下道路；如德靖、顺宁等战役，都能够击败入境的西夏军队，保卫宋朝的领土。他在战略上最明智的地方，就是不肯困坐在延州挨打，处处掌握主动权，常常趁对手方立脚未定，便集中力量予以歼灭。葭芦寨之战，宋神宗曾给沈括指示说：

葭芦寨可乘势取之固善，万一贼垒坚完，闭壁自守，不得疲耗士卒攻击，惟令将官多设机智，开之以利，致之出战，然后多为奇伏，邀而败之。②

这封诏书，颇能代表沈括在鄜延的战略精神，其实即使没有这个诏书，沈括也是执行这样战略的。由于他及时迅速解决，就杜绝了西夏人深入的危机。

二、鄜延一路防守设备，由他一手总揽其成。当他到了延州，一开始

---

① 李焘：《续资治通鉴长编》，卷323。
② 同上，卷325。

便注意训练民兵，发动人民起来自卫，来配合官军作战；更吸收其部分精锐，来补充正规兵员的不足。当种谔领兵出界时，又建议明立约束，划定留守官兵，增调应援军马。① 后来攻取各寨，便在那里建筑堡垒，招置弓箭手耕种，增添守具，储备粮食，使它成为坚固的前哨基地。② 元丰五年五月，他将西夏界上地形戍垒和未来边地形势，编写成《边略》一篇，呈献给朝廷，作为决策的参考，这份情报提供后，立刻受到神宗的重视，吩咐沈括将这部《边略》绘画成图，保存起来听候使用。③

三、他用收纳降人，招抚逃散，作为安定陕边的重要设施。例如在他属下军队里，就收编了许多西夏人，充当"敢勇效用"；立有边功的，都规定按资级迁转。④ 元丰五年八月，又立定招纳降人赏格：凡招纳到人数多的，分别加以奖励。⑤ 他认为造成兵士逃散的原因，往往在于带兵遇事处置失当。他说：

> 士兵们离开自己的父母妻子，走入万死一生的境地。不幸遇着将臣们违反圣略，没有很好抚恤，粮食断绝，这才逃生归来，他们是可以悬谅的。⑥

他处理因饥寒交迫而溃散的士兵，就这样地寄予无限的同情，不特赞成要好好招抚，而且仍然论功行赏，和其他军士一般。事实说明，作为一路统帅的沈括，是多么关心自己的下属。

四、他带兵能够信赏必罚，既爱护部下，又严饬军纪，士兵受到鼓舞，奋勇争先，每战必胜。他对中央的禁兵和地方的镇兵，主张一视同仁，不应厚此而薄彼。一次枢密院颁下奖赏，只发给禁兵而未及镇兵。他说镇兵为国勤劳，没有一年不打仗，守土有功，也应一样受赏。便自己作主，拿出几万贯库钱，用皇帝名义赏给镇兵，这才将情由上白，得到朝廷

---

① 李焘：《续资治通鉴长编》，卷315。
② 同上，卷324。
③ 同上，卷326。
④ 同上，卷320。
⑤ 同上，卷329。
⑥ 同上，卷320。

的追认。① 对于失职潜逃的将官，他却决不宽贷。随种谔出界一军，在盐州遇着缺粮和大雪，左班殿直刘归仁，首先率军南逃，以致全军奔溃。沈括坐镇本路，等候归仁逃回，首先责问他没有兵符，假称取粮擅自逃回的罪状。归仁没话可说，沈括便将他正法。② 他自己主持大计，运筹帷幄，备极劳碌，时常工作到夜深，还没有睡觉。半夜里感到疲劳，常和官属们闲谈消遣。③ 因此他的部下勇敢善战，一再受朝廷奖赏。元丰四年十一月，便因"沈括本路行营之师，自出境以来，逢贼大小战斗，未尝伤沮，迄今保存南路并塞"。将士们因此接受了神宗赏给的茶、药、䌷、绢。④

所有这些措施，都受到神宗的充分支持。有人统计过，沈括在陕西任职十六个月内，神宗给他的私人信札，便达二百七十三件之多。⑤ 为了军情紧急，有时来不及上报，神宗又给他以便宜处理的权力，甚至士兵立功升官，自皇城使以下各职，沈括也有权承制补授。⑥

---

① 李焘：《续资治通鉴长编》，卷315。
② 同上，卷319。
③ 沈括：《梦溪笔谈》，卷9："予时方有军事，至夜半未卧，疲甚，与官属闲话，……顿忘烦劳。"按沈括主持军事，只有此次，当系在鄜延时事。
④ 李焘：《续资治通鉴长编》，卷320。
⑤ 楼钥：《攻媿集》，卷69，《恭题神宗赐沈括御札》。
⑥ 李焘：《续资治通鉴长编》，卷315。

筑永乐城议

永乐城的弃守，是沈括在西北事业的尾声，也是他政治生涯的终结。永乐城在米脂寨西一百五十里，北距银州城二十五里。北倚崇峻高山，南临无定河，三面都有悬崖，形势异常险要。元丰五年八月，宋人在这里建筑城堡，九月初城堡筑成。不过隔了四天，便遭西夏军主力袭击。经过十二天苦战，城堡就陷落了。这一战对宋人讲来，损失是重大的。官方公布，阵亡官兵一万二千五百多人，一天中便丧失军马七千匹。骁将高永能等牺牲，损折夫役无数。旧日史书记载，评论这次战争，把失败责任都一股脑儿推到永乐城的修筑上，认为招惹事端，多生枝节。对于沈括，也因他参加了计议，就把他当作祸首看待。这些评论，不但有欠公平，而且和事实也大有出入。

沈括最初主张，本来是要筑乌延城（夏州西南），而不是永乐城。他曾经和经略副使种谔联名上书，大意说：

臣等历观前世，本路强敌与我限隔的，利害全在沙漠。如果对方越过沙漠来攻，首先是他们受到困弊；我们越过沙漠出击，却是我们最先困弊。然而前代常能形成边患的，是因为漠南山界产粟，可供食用；山界的人民，可供驱使；山界的水草险固，可供防守。而我军渡漠北行，却要运粮载水，越过广大的沙漠，以致力疲粮窘，利在速战速决。万一不幸，遇着城坚未拔，大河未渡，食尽而退，必被对方所乘，这是势所必然的。所以兴灵一带，西夏人能够高枕无忧，而我们沿边城寨，却未曾解严，主要是因为地利的缘故。现在如果使得漠南无粟可吃，无民可使，又无水草险固可守，迫使他们驮粮疲师，绝漠而南，驻兵沙碛，仰

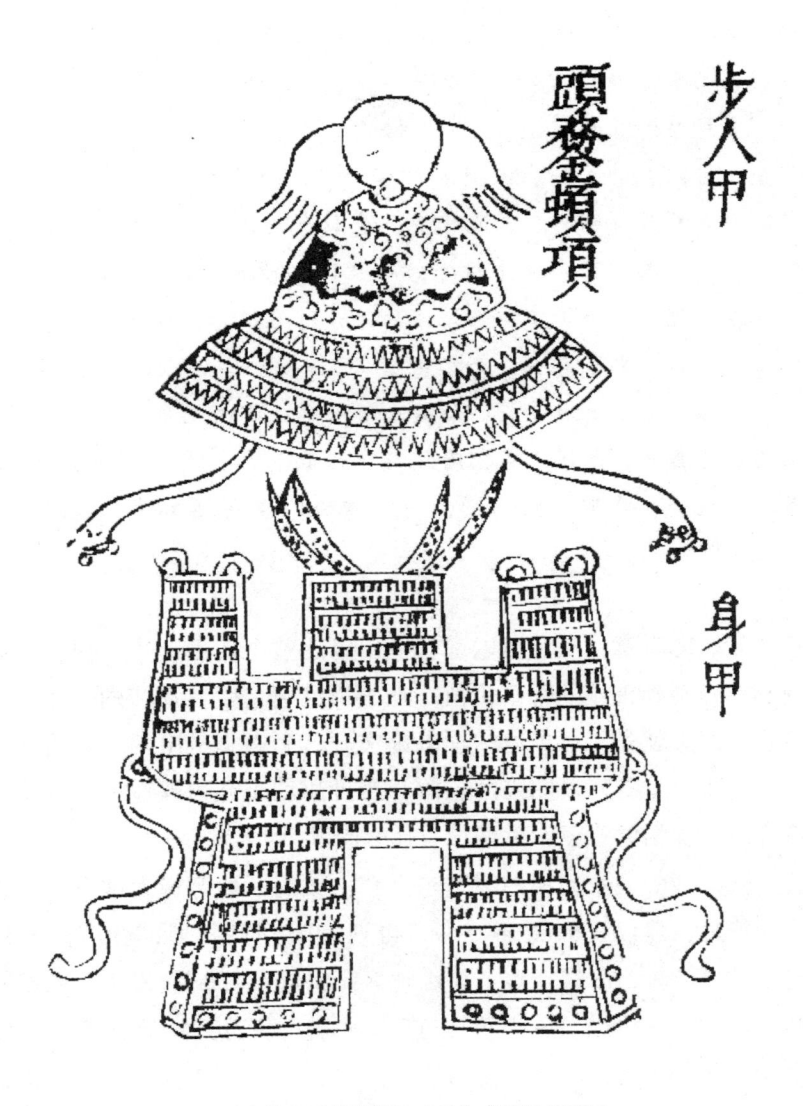

宋朝士兵所着铠甲（采自《武经总要》）

攻山界坚城，这就可以开关迎敌，以逸待劳，去可不追，战可省力，主动的形势在我，给对方以空野坚城的不利。同时我们既然控制了山界，则所出的粟，可以养精兵数万；得到对方的牧地，可以蕃殖战马；盐池所出的盐，可以招徕四方商旅；铁冶又可以增铸兵器，设监铸钱，可以减少山南的漕运。……而且在山界筑城后，可以下瞰灵武，路途不过几程，如果发兵往攻，西夏人纵然坚守，也会有懈惰的时刻，可在沿边修战备，积军食，明斥埭，等待他们守备松弛，调发洮河的船来守卫大河，陆路则士兵从横山而下，出其不意，可以一举将他们覆灭……

今视察到塞北有古乌延城，恰恰位在山界北坡上，旧时依山筑垒，可以驻屯军马。东望夏州八十里，西望宥州不过四十里，下瞰平夏，最当要冲。土地膏腴，依山为城，形势险固。欲乞移宥州于此，因旧宥州地平难守，而且位在沙碛，土地没有出产。可先在华池、油平筑堡，来接连兵势；川路稍宽，可通车运，聚积粮草器具，事事有备，全力经营乌延。先补山城，山城完毕，再筑平城。这带土地膏美，距盐池不很远，北面就是牧地，日后必当成为都会，镇压山界，屏蔽鄜延。至于银、夏等州，可设置盐监、铁冶、钱监、牧马场，因险控坂，候乌延工毕，方逐渐计置。①

这道联名的奏章，从黄河以南、横山以北整个地理形势，说明控制漠南山界和重建乌延古城的军事价值，凡山川漠碛、交通物产的分布，莫不详加论列，简直就是一篇出色的军事论文。这个奏章虽由两人签署，但是沈括平日主张，就有发愤图强的志向，兼且注意研究边疆地理，看来它的制定有许多是沈括的意思，大概没有什么问题。

这时候沈括的主张，和种谔谔是完全一致的。种谔特为这事进京，向神宗当面陈述，建议先筑银州城垒，再迁宥州到乌延城，然后修筑夏州城，造成鼎足形势，以囊括整个横山地区。并继续修筑盐州城，来据两地的地利。这样就进可以攻，退可以守。② 神宗自从看到括等奏章后，便派给事中徐禧前往鄜延，审议在横山筑城的事，这时又亲自接见了种谔，可见宋廷对这事的重视。但是这个主张后来被徐禧阻挠，没有得到实现。徐禧之来，是奉神宗差遣的。当时和他一起到鄜延的人，还有内侍省押班李舜举。他们到了鄜延，便成立一个计议边事所，主管修筑城堡事宜。名义上和沈括等商议边事，实际上以"钦差大臣"自居，大权由徐禧一人独揽。徐禧专权独断，沈括只有唯唯诺诺的份儿。徐禧不但排挤种谔，恐怕

---

① 李焘：《续资治通鉴长编》，卷326。
② 同上，卷328。

种谔夺去他的功劳；也排挤沈括，拒绝采纳沈括的主张。他说：

> 银川虽据明堂川、无定河之会，但在旧城东南，已被河水吞没；而西北面又有天堑阻隔，实不如永乐的形势险要。①

为了急于升官领赏，趁种谔入京还未回来，便匆匆作出决定，用建筑永乐城来代替乌延。

建筑永乐城，算不得什么好主意。种谔说它位置依山，又没有泉水，没有军事价值。果然永乐筑成后，西夏人来攻，夺取了无定河水寨，城中掘井汲泉，仅足供将领饮用，士兵渴死大半，甚至绞马粪来作饮料。后来事实就证明建筑永乐城是没有价值的。② 沈括也认为，永乐是西夏必争之地，道路险阻偏僻，战胜时难于保守，战败时也难于救应；无论战守两个方面，都没有很大价值。一定要筑这城时，必须先自乌延向东建筑一系列堡垒，"蚁封而东，垒章山连"，方可经营永乐。这样就非三年五载，不能成功。经过三个月的计议，将领们急于求成，终于附和徐禧主张，沈括执拗不过，就这样计议遂定。③

这次沈括未能阻止改筑永乐，事实因为徐禧揽权，自己作不了主张，有可以原谅的地方。但是他身为一路统帅，不能始终坚持真理，和不正确的主张展开斗争，最后反向徐禧让步，以致酿成永乐之战的惨败，这是他的一个严重错误，也是毋庸否认的。不过有人认为沈括中途变卦，迎合徐

永乐城城墙遗址，位于今陕西省榆林市米脂县龙镇马湖峪村。

---

① 吴广成：《西夏书事》，卷26。
② 李焘：《续资治通鉴长编》，卷329。
③ 同上，卷328，注，引沈括《自志》。

禧来排斥种谔，这种说法，就和事实不符了。例如南宋史学家李焘，在所著《续资治通鉴长编》中，一面承认永乐城的修筑，"谋画进止，禧实专决，括与同而已"①。一面又以为沈括《自志》所记不赞同徐禧议筑永乐城，乃事后掩饰之词，宁愿相信《种谔传》的"括、禧定议"一句话，断定沈括初时并没有以城永乐为非。李焘对沈括的看法，显然是存有偏见的。不知《种谔传》中所说定议，大约是由徐禧所奏"已与沈括定议"一语而来，这里所说的定议，只是强行加诸沈括身上，并非真正的定议；从沈括原来的奏议，和徐禧在鄜延一贯狂妄自大的行径，即可概见。至于《宋会要》既载沈、种请筑乌延城，又说沈括一开始就主张筑永乐，② 自相矛盾。后说和事实不符，显然是错误的。

---

① 李焘：《续资治通鉴长编》，卷329。
② 《宋会要辑稿·方域》一九之47—49；《兵》八之28—29。

永乐和绥德保卫战

永乐城的建筑，由徐禧、李舜举主持，沈括将经略府移至边界，负责接济军用，后来又负责节制修城。种谔呢？这时却被徐禧排挤，留守延州城，没有参预这项工作。1082 年（元丰五年）八月十五日兴工，九月六日修成，神宗赐名银川寨。在兴修期间，曾几次遇西夏人来袭，都被宋军击退。但西夏人不会甘心让宋人在横山立足的，这些进攻只是试探性质罢了。在泾原路北境，他们集结了号称三十万兵力，储备了一百天粮食，准备"倾国而至"。这边徐禧却还不以为意，边地人民前来报信的，先后凡十数起，徐禧都不相信。还大言说："西夏如果大队来攻，这是我立功的时刻到了。"又怕沈括分去他的头功，留下鄜延将曲珍守城，急忙命沈括返延州，自己也同回米脂去了。

沈括没有回到延州，而驻在米脂。及至永乐危急，徐禧还以"沈括身为大帅，不可轻易出战"为由，不让沈括率兵前往救应，自己和李舜举等带着二万五千人，轻率地回到永乐。正因这个缘故，沈括未能直接参加永乐战役。不过对永乐城的战守大计，他还是参预在内的，只是徐禧不听他的计策罢了。当最初听说西夏军进攻永乐时，沈括便对徐禧说过，西夏人集中兵力，共达几十万，而宋军只有三万，众寡悬殊，岂易抵挡？不如主动放弃永乐，反过来以此困弊对方兵力。徐禧不听。这时宋军曾选择劲卒编成奇兵，徐禧打算用他们作前锋，沈括又说，奇兵是一军精锐，西夏人的气焰方盛，用一千人来抵挡凶锋，势必难以抵御，我们丧失了精锐，将会不战自败。徐禧想改变法令，军中不用斩杀首级论功，要等待胜利之后，一体均赏。沈括也反对说，不论首级记功，战士们得不到激励。平均给赏，会助长侥幸心理，压抑了英勇立功的战士。徐禧都没有听从。

永乐被围时，括奉令留守米脂。曾一度进军无定河，一面分兵救应，一面接济粮食，但被西夏军遮拦，不得前进。西夏军游骑入犯米脂，括遂

— 143 —

转战退保绥德城,督率将兵照应边寨。又忖度守军只有万人,不足应战,正想向延州请调救兵,而西夏将凌结阿约勒,又领八万人南袭绥德。城内降人三百,阴谋翻城响应,这事因阿约勒弟弟的高密,才让沈括知道了,他召集将佐商议道:

  永乐城的胜败,对边疆局势讲来,无足轻重;绥德是西北的门户,失绥德则延州受到威胁,胜败不可得知,关中必为之震动。这是紧要的关头,宁可放弃永乐,来救应绥德。

在上述事件预定发动前一天,沈括进入绥德城,搜捕到企图叛变的三百人,在城上处死。阿约勒看到计谋败露,只得率军撤退。①

沈括这一断然处置,是非常明智而及时的。保全了绥德,就是保全了延州的门户,稳定了关中的局势。所以他放弃米脂,退保绥德的措施,是得到朝廷认可的。神宗给他的诏书说:"退保绥德,无得辄救永乐,以待援兵之集。"西夏统治者调动了主力军,本想大举南进,结果攻陷永乐后,仍然不能深入,这当和绥德的守备有关。永乐城失守,主要是徐禧轻敌无谋,将领间又不调协,加上指挥错误,以致一败涂地。另外原因之一,也由于缺乏水源和孤立无援,这正是沈括、种谔曾经论及过的。这样我们就很佩服沈括有预见,和他对事物的正确判断力。永乐之败,虽然咎在徐禧,沈括回救绥德是有功的;但他毕竟是一路的统帅,对这次失败不能辞卸责任。于是他在起用两年零五个月之后,又一次得罪受到了处分。《宋史·神宗纪》元丰五年:

  十月……甲寅,知延州沈括以措置乖方,责授均州团练副使,随州安置。②

从此以后,沈括正式退出政治舞台,他的政治生涯,就由这道诏书宣告结束了。

---

① 以上叙述,参考李焘:《续资治通鉴长编》,卷329。
② 《宋史》,卷16《神宗纪》。

十

染

晚年居住润州，著《梦溪笔谈》

谪居期间编绘《守令图》

沈括离开鄜延，来到随州（今湖北随县①），住在法云禅寺，在那里度过三个寒暑，过着孤寂的生活。直至1085年（元丰八年）宋神宗病死，哲宗继承帝位，颁布即位赦令，才得遇赦东移，改授秀州团练副使、本州安置。在这一年冬天，沈括仆仆征途，从安陆、汉口经江州（江西九江）到达秀洲（浙江嘉兴）。这时沈括内心里面，有着说不尽的喜悦。三年谪居生活，固然是"蓬荜萧条，已退编于民籍"；更使他感到苦闷的是，客居举目无亲的异地，丧失了迁居的自由。如今感到高兴的，却不一定是"姓名埃没，忽复挂于命书"，而是"未填沟壑，重见乡闾"，"三年无半面之旧，一日见生平之亲"。②秀州虽还不是沈括自己的故乡，但和杭州同属两浙路，也可以说是"有以慰乡井之怀"了。而且移居本州以后，又可以和亲友团聚在一起，这才是沈括所引为最快乐的。

在给沈括授官的诏书中，明白地写着"不得签书公事"。本来在随州时，已经是清闲之身，现在东移秀州，也落得一身清净，摆脱一切公务的烦扰。这使他南迁以后，能够专心致志，从事未了的编绘地图工作。说到这项地图编绘工作，本来开始于1076年（熙宁九年）。那时沈括正在任三司使，奉到神宗谕旨叫他编纂。又有机会利用政府皮藏图籍，摘取资料绘制这图。但是因为冗务在身，工作就不可能很快完成。经过两度贬谪，中间又曾出守边疆，前后共计十二年，他总是忘记不了，将这部图稿随身携带，尽管时绘时辍，却一直坚持不懈，未尝作放弃打算。直至1087年（元祐二年），他终于把图编绘完成，申报到尚书省后，次年得到批准

---

① 湖北随县，现为湖北省随州市。——编者注
② 沈括：《长兴集》，卷16，《谢谪授秀州团练副使表》之二；《秀州谢表》之二。

投进。

全部地图包括二十幅：大图一幅，高一丈二尺，宽一丈，这幅照理应当是总图了。小图一幅可能是四京图。分路图十八幅，应该是一路一幅。他所作的《进守令图表》说：

> 遍稽宇内之书，参更四方之论。该备六体，略稽前世之旧闻；离合九州，兼收古人之余意。四海可以隃度，率土聚于此书。①

可见他参考了许多图书，采纳历史资料，绘制精详，内容丰富，工作到此完成，绝不是轻而易举的。依图幅数目看来，本图分路标准，是采用了成图时的十八路制度，即京东、京西、河北、陕西、河东、淮南、两浙、江南东、江南西、荆湖南、荆湖北、成都、梓州、利州、夔州、福建、广南东、广南西等路。

他把这图命名为《守令图》，也叫《天下州县图》，理由是所绘疆域，仅限于北宋王朝权力所及的范围，亦即包括设置有守、令等官的地方。此外凡王朝统治力量不能达到的，也就没有被采入图内。② 换句话说，沈括是以最新的行政区划为基准，吸收最新颖的资料，来提高地图的科学性，这和近代绘制地图，原则是完全符合的。北宋人所著地理图书，喜欢将前朝旧有版图作为疆域范围；把许多已经划归周边各族的土地，一概囊括入内，以表达作者收复失土的强烈欲望。这种处理方法，虽然反映出作者的爱国思想，但从科学性来说，如果缺乏具体的说明，容易造成混乱。而一般地图要加上许多说明，究竟是不大适宜的。沈括采取了现实的态度，一面根据现有版图绘制，一面将地图命名《守令图》，表示出金瓯的残缺。这样一来，就能双方兼顾，对北宋疆域沿革演变的真相，自可如实表露出来。

就绘图技术说，这套《守令图》也是注意了我国优秀绘图传统的。我

---

① 沈括：《长兴集》，卷16。
② 同上，《进守令图表》之二："凡守令之所职，咸具讨论；在声教所未加，姑从阙疑。"

国过去有所谓"六体"①的绘图方法，沈括的《守令图》自称是"该备六体"的；尤其对"六体"中的"分率""准望"二法，沈括一向研究有素。分率和准望，用现代地图学上的术语解释，就是比例缩尺和方位，两者都是制图学上最基本的法则。《守令图》的缩尺，以二寸折一百里，较晋朝裴秀的《方丈图》比例大。此外裴秀所提出的高下、方斜、迂直等法，也被他用来校正地形高低、道路弯曲，以求得真实的远近数字。他又改进过去用"四至八到"定方位的方法，在他编写的地图说明书里，用新的二十四至，来标志州县方向。根据这个方向，读者经过仔细考索，就可以将地点复原成图，和真实情况丝毫没有差异。用这个方法决定方位，它的精密程度，比较前人要胜过三倍。二十四至用十二支，甲、乙、丙、丁、庚、辛、壬、癸八干，乾、坤、艮、巽四卦作为指标。以后到了元朝，航海罗盘针所用的二十四至，就是根据了沈括这一重要创造。②

能够应用这样精密方法指示方位，当和利用指南针进行测量有关。沈括对指南针很有研究，家里又储藏多种指南针，他使用这种仪器来测定方位，也是可以想见的。因此沈括可能是世界上第一个利用指南针来测量地点方位的人。上文曾经谈及沈括的测量技术是精湛的，他曾经用筑堰蓄水法测量过汴河的地形。此外他又藏有一个弩形测量仪，用这个仪器测量山的度数，能计算出山的高度、广度和距离③，这是绘制一幅精确地图必须具备的东西。《守令图》已经失传了，但是根据这些有利条件和可以考知的内容看来，这套地图的绘制，比较同时代的一般地图必定更为精确。

---

① 我国西晋时有名的地图学家裴秀，曾提出绘制地图的六项原则，即所谓"制图六体"。"六体"为分率、准望、道里、高下、方邪、迂直。
② 沈括：《补笔谈》，卷3。竺可桢：《北宋沈括对于地理学之贡献与记述》，载《科学》第十一卷第六期。
③ 沈括：《梦溪笔谈》，卷19。李约瑟：《中国科学技术史》，第三卷，页575。

《九域守令图》。1964年发现于四川省荣县，是中国现存最早以县为基层单位的全国行政区域图。该图以前人底图为本，绘于北宋宣和三年（1121年）。有学者认为，其所用底图即沈括的《守令图》。

晚年隐居梦溪

地图绘制完成后，为了奖励这项劳绩，哲宗赏赐他一百匹绢，并且允许他任便居住。从这时候起，他恢复了居住的自由，便从秀州迁到润州（今江苏镇江市），以后就一直住在那里。润州本是沈括旧游的地方，十年前他曾花了三十万钱，在那里买到一片田园。里面的山水花木，幽雅清静，仿佛三十多岁时，梦境中的所见。本来他第一次贬谪时，曾经在庐山盖好一所房舍，打算用来度过晚年。后来看到这片田园，便爱上了这个地方，放弃了终老庐山的想法。这次得到任便居住的机会，便爽性迁居到那里。这时沈括的年纪已经五十八岁了。住到润州的第二年，又奉旨授左朝散郎、守光禄卿，分司南京。事实上领一份干俸，做个闲散没有实职的人员，过着退隐的生活，来度过他的晚年罢了。

沈括在润州购置的田园，在当时的丹徒县朱方门外，故址即今镇江市东郊，乌风岭之南、解放路东、镇澄公路北。在那里他建筑起一座美丽的花园，取名叫梦溪园，来纪念他多年来常做的好梦。在这所花园里面，屹立着一座小山，山上满满覆盖着花草，灿烂得好像锦绣一般，起名叫百花堆。山下淙淙的泉水，从峡中流出后，环绕着花园的一角，水色苍翠澄澈，上端有乔木荫蔽着，这就是梦溪。沈括的居室，簇拥在花丛当中，室的西端花竹环绕着的，是他日常休憩所在的壳轩。轩下有花堆阁；花堆尽处有茅舍，叫岸老堂；堂后又苍峡亭。从阁中俯瞰，只见一派绿油油的田野；临亭下望，就是那潺潺的梦溪。花堆的西头，丛丛簇簇地满种修长的幽竹，叫做竹坞。有墙围绕住的尖端，叫做杏咀。篁竹深处，有宴游所在的萧萧堂；竹丛南面的水滨，有轩名叫深斋。还有一座高耸的凉亭，叫做远亭。

沈括住在这里，过的完全是隐居生活。除了读书写作，便在泉上垂

梦溪园一景。沈括晚年居住于此,并写成不朽著作《梦溪笔谈》。现在的梦溪园位于江苏省镇江市梦溪园巷21号,1985年起根据史料记载在原址附近修复。

钓,或在湖中划船。有的时候,又在竹林中静坐抚琴。他把琴、棋、禅、墨、丹、茶、吟、谈、酒称为"九客",这些都成为他的好友了。[1]

在润州住了四年,沈括开始染病;再过一年,人瘦得更厉害了,从外形看来,简直像枯柴似的。绍圣初(1094年)复官,领宫祠。这时,沈括的身体越来越坏。有一天乘船过江,差一点失足堕落水里,幸亏左右急忙将他搀扶,没有遭到灭顶。[2] 不久,因老病交加,绍圣二年在润州黯然逝世,享年六十五岁,在润州住了整整八年。

---

[1] 卢宪:《嘉定镇江志》,卷11,引《长兴集》,逸文《自志》。
[2] 朱彧:《萍洲可谈》,卷3。

《梦溪笔谈》：一本内容丰富的学术著作

在梦溪园居住的日子里，沈括曾将平日的见闻谈论，编写成为文字，汇集成为一本综合性著作，名叫《梦溪笔谈》。《自序》记载说：

> 予退处林下，深居绝过从，思平日与客言者，时纪一事于笔，则若有所晤言，萧然移日。所与谈者，唯笔砚而已，谓之《笔谈》。

《梦溪笔谈》1916年玉海堂影刻宋乾道二年本。原书板框高20.5厘米，宽15.6厘米。（此图及其说明为原书所附）

由此看来，这书是沈括晚年陆续写成的。名称虽叫《笔谈》，其实是一本内容丰富的学术著作。里面包括了他毕生研究科学的结晶，还有当时的诗文掌故，以至街谈巷语，异说奇闻，无不兼收并蓄，网罗渊博。原书编为三十卷，现传本都作二十六卷，大约是经后人重编过的。《梦溪笔谈》写成后，又继续有所增补，这就是传世的《补笔谈》和《续笔谈》。今本《梦溪笔谈》，共分故事、辩证、乐律、象数、人事、官政、权智、艺文、书画、技艺、器用、神奇、异事、谬误、讥谑、杂志、药议等十七目。这种分类是否出于原书，已不可知晓，有可能是后人根据阅读便利，代为编辑而成。《补》《续》二种的编写，当在该书完成以后，或是该书刊刻以后。

沈括生平著作宏富，有目录可考的，共达三十五种以上。其中以《梦溪笔谈》一种，更被后世所珍视。它的流传最广泛，而且被后来学者普遍征引。沈括死后六十年，扬州公库和州学，因为筹募经费，曾经刊印这书贩卖，获得钱财周转，可见这书一出，便风靡一时，受到人们的重视。它的内容特点，首先在于包括方面很广和提供资料的丰富。沈括是个博洽多闻的学者，毕生的阅历也很深。在这本著作中，无论在自然科学和人文科学，都有大量篇幅分门别类地广为论述。内容包括天文、气象、历法、数学、地质、地理、物理、生物、化学、医药、文学、史学、音乐、艺术等等，可说应有尽有。李约瑟在他所著《中国科学技术史》中，特别用了许多篇幅，将这本书详细介绍。他说：

> 在另一类文学作品杂录和杂记（包括笔记或笔谈）中，可以看到许多科学观察记录。《梦溪笔谈》一书，是其中典型的一种。它的作者沈括，也许是中国科学史上最奇特的人物。……《梦溪笔谈》约成书于1086年，它是最早记述磁针的书籍之一；……而且又载有许多天文和数学原理，以及化石的观察，立体地理模型制造及其他制图事宜，冶金程序的描述，和占大比例的生物学观察。全书有关科学部分，占去内容一大半。①

---

① 李约瑟：《中国科学技术史》，第一卷，页135。

跟着李氏又进一步指出，如果从广义的科学说，所谓占内容的大半，实际已经近乎五分之三。他将这本书的内容，根据现代科学分科，列成二十五个项目，分析如下：

内　　容	条　数
官员生活和朝廷	60
学士院和考试事宜	10
文学和艺术	70
法律和警务	11
军事	25
杂闻和轶事	72
占卜、玄术和民间传说	22
以上人事材料总数	270
《易经》、阴阳和五行	7
数学	11
天文和历法	19
气象学	18
地质学和矿物学	17
地理学和制图学	15
物理学	6
化学	3
工程学、冶金学和工艺学	18
灌溉和水利工程	6
建筑学	6
生物科学、植物学和动物学	52
农艺	6
医学和药物学	23
以上自然科学总数	207
人类学	6
考古学	21
语言学	36
音乐	44
以上人文科学总数	107
总　　计	584①

---

① 李约瑟：《中国科学技术史》，第一卷，页136。

李氏统计所根据的查明是清末诒痴簃本，总数为五百八十四条，和现在较完全的本子六百零九条①，也颇有出入。尽管这样，但是从这个表中仍可看到《梦溪笔谈》内容的概略。何况，李氏列入人事材料一类的，大部分又可以作为历史或史料阅读。这样一来，它的学术价值，就可以概见了。

---

① 胡道静校注：《新校正梦溪笔谈》。

《笔谈》反映了当时最新的科技水平

《梦溪笔谈》的内容，不单涉及的范围很广，而且所记载的知识，反映了当日最新的科学技术水平，所以李约瑟才称它做"中国科学史上的坐标"。首先，这些知识许多是沈括自己观察经过刻苦劳动得来的。沈括毕生从事科学活动的结果，都在这本书里全面地予以总结。例如它记载了沈括在司天监时期的天文学说，也记载了在他主持下由卫朴修成的《奉元历》，和天文、历法密切有关的数学。在另一本有名著作《良方》中所提到的医药研究，被收在最后一卷药议一目，和散见在其他卷帙里。他察访两浙、河北，出使辽国以至镇守陕西北部，在路程上所见地理景观、地质地貌，都留下了有价值的科学记录。我们读了这本书，对这位多才多艺科学家的学说，能够获得概括的认识。

其次，《笔谈》还记录了许多别的科学家技术家研究的成果。例如卫朴的历算学，毕昇的活字印刷，孙彦先的虹的成因说，李元规的天气预测

印于1103年的《佛说观无量寿佛经》残页。这是现存最早的活字印刷品实物。

第七章 晚年居住润州，著《梦溪笔谈》

等等，都被他用严肃认真的态度，详细地科学地报道出来。因此，这本书又能够使我们对与他同时的许多科技知识，得到一个概括的了解。特别是书中所提供的某些材料，目前已经成为唯一可靠的材料，这样就在我国科技史中，作出了重大的贡献。其中为人们所熟知的，当推毕昇发明活字印刷的记录。

庆历年间，布衣毕昇又发明了活字板。他的方法是用胶泥刻字，厚薄和钱唇差不多，每个单字刻成一印，用火将它烧硬。事先安设好一块铁板，用松脂蜡和纸灰之类粘在上面，要印书的时候，将一个铁范放在铁板上，排好字印，满满一铁范为一板，拿到火里把药烘熔，然后用一块平板压在面上，使字印压得像磨刀石一样平。如果只印三两本，不见得有什么简便；如果印至几十或成千成百本，就显得极为神速。经常预备两块铁板，一板正在印刷，一板便可排字，这一板刚刚印好，第二板的字也排好了。这样轮流调换着，很快就可以印成。每一个字刻几个印，像"之""也"等等，每字都有二十多个印，准备同一板内有重复的。不用的时候，用纸将它贴起，每一个韵为一贴，储在木格里面。遇到奇僻没有准备好的字，立即把它刻起来，用草火烧硬，很快便可以造好。为什么不用木头刻呢？这是因为木纹有疏密，沾水后便高低不平，而且和药品相粘，不容易拈取。不如用泥来烧，事毕再用火将药烘熔，用手轻轻一拨，字印自会下落，一点也不沾污。①

毕昇的泥活字到底什么样子，虽然没有人见过，赖有沈括不厌其详地把它记录下来，从造字、排版到印刷，首尾完备，让我们今天仍然能够知道梗概。有了这个记载，我们不但知道毕昇在印刷技术上这一大革新，已经和现代铅字排印术的原理基本相同，是一种十分进步的技术，而且后来依法仿制的人，都得到它的启示，作出了许多成就。元初杨古用活字板印刷《小学》《近思录》《东莱经史论说》诸书，甚至将这种印刷技术称为"沈

---

① 沈括：《梦溪笔谈》，卷18。

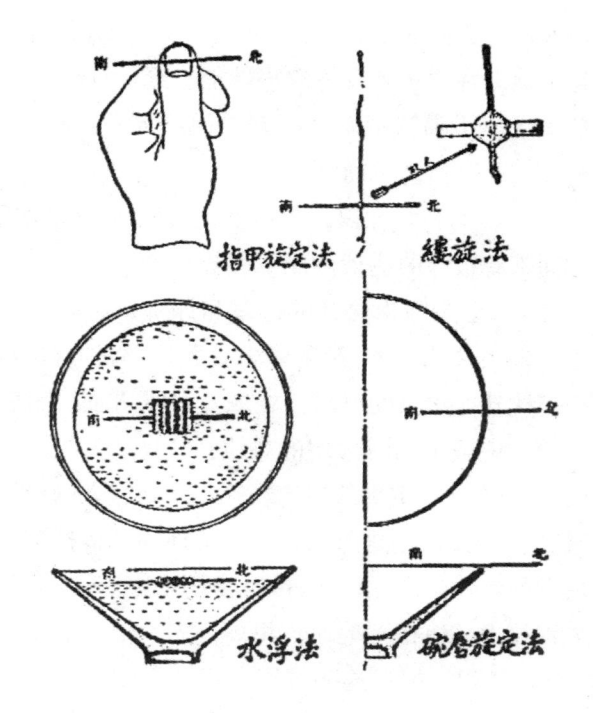

《笔谈》记载的四种不同磁针装置法（此图及其说明为原书所附）

氏活板"。而且它影响所及，还远至朝鲜。①

另外一则经常被人提及的，就是关于指南针的记载。

> 方家用磁石磨针锋，就能够指南。不过常常稍微偏东，不是完全向南。浮在水上多摇荡，放在指甲和碗唇上都可以运转得更快些，但因坚滑容易落下来，不如悬挂在线上最好。方法是在新绵里抽取一条单茧丝，用芥子般大小的蜡，粘在针腰上，在没有风的地方悬挂，针就常常指南。②

他用简短的文字，记载当时几种不同的指南仪：一种是浮在水面上的磁针，一种是搁在指甲上的磁针，一种是搁在碗边上的磁针，还有一种用丝

---

① 张秀民：《清代泾县翟氏的泥活字印本》，载《文物》1961年第三期。
② 沈括：《梦溪笔谈》，卷24。

线悬挂的磁针。这样使我们知道 11 世纪中，我们的祖先已经懂得使用针形的指南器，而且采取多种方法来发挥它的功能。经验证明，把磁针腰粘在新的单股细长茧丝上，最易于运转，更兼灵敏度大，具有很大使用价值，近代罗盘针的构造，就这样基本确定下来。

依靠《笔谈》保存的科技知识，当然不止这两项。和沈括合作修历的卫朴，在历算方面都有很深的造诣。能不用算推古今日月蚀，仅仅口诵乘除，便可不差一算。① 也是因为沈括的记录和评价，他的事迹才被后世所知。清代阮元著《畴人传》，陆心源著《宋史翼》，写作这位科学名人传记时，主要是根据了沈括所提供的材料。在农业技术方面，《笔谈》又总结了农民种竹的经验，记载了当时常用的口诀："栽竹无时，下雨便移，多留宿土，记取南枝。"② 这个宝贵的生产经验，受到后人的极端重视，元代官修《农桑辑要》时，便采用这条记载，广泛地为它传授推行。这样沈括的记述，对于后世的农业生产，也起着推动的作用。

谈到宋时炼钢技术，他在《笔谈》里面，先后记载了机械加工的"热作""冷作"等操作过程。根据这些过程写成的科学记录，使我们知道当时炼钢方面，已经掌握"团钢""灌钢"的技巧，知道把强度高、硬性高的生铁嵌在柔铁里，锻成一种兼有韧性和硬度的制成品。③ 在炼铜方面，他又记载了信州铅山（今江西铅山）用胆矾熬铁成铜，说明了当时的劳动人民已经掌握用铁在硫酸铜溶液中取铜的技术。④ 采矿方面，他在鄜延境内考察过石油的产状，在《笔谈》里描述了当地人民用雉尾沾油收集到瓶中，使我们知道当时延安一带人民采取石油的方法。石油这个名称，今天已被人们普遍应用；追源它的历史，在文献中还是《笔谈》出现得最早。⑤

关于人文科学，《笔谈》同样反映了当时最新的科学成就。沈括在这本书中，有不少的篇幅用在文字、音韵方面的研究。他曾不止一次地采用王安石的《字说》解字。安石的《字说》，着重以象形、象意解释文字，对《说文》这两个方面，有很大的创造性发展。沈括沿袭安石这种学一

---

① 沈括：《梦溪笔谈》，卷18。
② 元司农司撰：《农桑辑要》，卷6。
③ 李恒德：《中国历史上的钢铁冶金技术》，载《自然科学》第1卷第7期。
④ 袁翰青：《我国古代人民的炼铜技术》，载《化学通报》1954年2月号。
⑤ 《笔谈》以前，石油称为石脂水、石漆、泥油、火井油等等。参考启循：《宋代卓越的科学家沈括》，载《历史教学》1954年6月号。

说，运用来解释某些字义，显得新颖而又贴切。例如他说"日"加"辰"为"晨"，因为辰是日出的时刻。"棘"字象征束（刺）独生、高而少横枝；"棘"字象征束相比横生、矮而成林。又说"戋"是小的意思，水之小者叫"浅"，金之小者叫"钱"，歹而小者叫"残"，贝之小者叫"贱"。漳水的"漳"字，是清浊相糅的意思，他说："章者，文也，别也，漳谓两物相合有文章，且可别也。"① 这些说法，都是吸收王安石《字说》的成就，加以发展而来。

宋代是考古学开始发展的时代，考古方面的知识，在《笔谈》中也有了反映，古物出土的记录，书里面占了一定的篇幅。例如在器用一卷里，记载了彝、钲、镈、罍、匜、铜镜、弩机、刀剑、铜钱、印章等等。其中值得我们注意的是，从他所提供的资料里面，透露出当时各地发掘情况，已经发现了一些石器时代的文化。著名的雷州（今广东雷州）雷斧、雷楔，就是古代黎族人民在该地留下的石器遗物。寿州（安徽寿县西北）八公山出土的小金饼，当时称为"印子金"。《笔谈》记载沈括从一个渔人手里，得到一枚七两多重，面有二十余印，背有五指和掌痕，纹理分明的金饼。这个记录，是历史上有关战国时代楚的金币"郢爰"的最早记载。②

地理学到宋代有了更大的发展，《笔谈》也反映了这一新的成就。无论在自然、边防、经济、沿革地理方面，也占本书重要的地位。其中沿革地理一项，宋代才普遍研究起来。统计《笔谈》载录这门学科的，不下十八条之多，这是不见于上引李氏分析表的。内容如《禹贡》三江的考释、楚国郢都地理方位、楚章华台有异说、漳水洛水得名由来等等，都是当时研究这种学问的人所经常讨论的课题。

---

① 沈括：《梦溪笔谈》，卷7、卷15、卷14、卷3。
② 同上，卷20、卷21。

《笔谈》揭露了社会矛盾的现实

从另一方面看,《梦溪笔谈》之所以是一本卓越的著作,在于它的进步性。沈括在思想意识上,对劳动人民的力量,有一定的认识,这和他的出身阶层、早期社会经历是分不开的。他曾经说过:

> 至于技巧、器械、大小、尺寸、黑黄、苍赤等事宜,怎能都出于圣人之手?凡百工、群有司、市井、田野之类的人,都没有不参预的。①

即是说科学技术等发明创造,不一定都需要智慧高超的"圣人"才能干得出来,也是普通劳动人民所参预的事情。这种思想显然是进步的。从这一点出发,他在《笔谈》一书里,着重地描绘了劳动人民在生产战线上的光辉业绩,努力发扬劳动人民的发明创造,歌颂了劳动人民的聪明智慧。上面所说发明活字板的毕昇,掌握"团钢""灌钢"技术的河北锻钢工人,从沙石泉水中采集石油的鄜延人民,都是显著的实例。

值得我们重视的是,《笔谈》中还有敢于揭露当时社会矛盾的部分。它对广大人民的疾苦,有着较大的感触。它用了不少的篇幅,来赞扬有利于人民群众的政治设施。它表现出人民关于公正生活的思想和渴望,表现出人民对待社会现象的态度。在这个方面,他首先揭露了封建官僚暴虐的罪行。一个曾经做过小官的赵谏,回乡后竟敢专一打探别人的阴私来胁持乡里,以致乡人畏惧他更甚于强盗,没有人敢忤逆他的意思,连官吏也受

---

① 沈括:《长兴集》,卷19,《上欧阳参政书》。

到钳制，只有巴结他来自保的份儿。① 官僚施昌言知延州，在那里发掘古墓，盗取财宝，破坏文物，计所得赃物中，有玉环玦七十余件，玉冲牙长达一尺。李溥做江淮发运使，利用职权行商，用大船装载东南美货入京，沿途散发贿赂，多至不计其数。又借进奉茶纲名义，大规模贪污自肥。自从他开创恶例，发运使每年照例假公营私，满载东南土产入京图利。② 甚至在变法运动之前，官场出现一种严重情况："天下吏人素无常禄，唯以受赇为生，往往致富者。"③

北宋官僚政治的腐败，单从上述几条记载就已经暴露无遗。其次对于军人的专横残酷，本书也有所反映。五代时王锭盘踞陕州，征集了全国巧手画工，替他绘圣寿寺壁画。参加这个工作一共有十八人，在画好这幅妙绝一时的作品后，竟全被王锭杀光，一个不留。宋初出兵攻打江南，大将曹翰进入江州的大屠杀，《笔谈》也留下一段记录。虽然受到历史条件的局限，最后只能归结到"死生有命"的唯心论窠臼；但是作者在叙述这个事件当中，对于曹翰以残暴的屠杀手段，来对待一个反抗的孤城里无辜人民，其责备的态度，跃然见于纸上，备见作者的人道主义精神。④

至于记载宫廷生活的浪费和北宋士大夫奢侈无度的，那就更多了。宋真宗统治的后期，统治集团中间充满着苟且偷安的心理，以为"天下太平，朝廷无事"，趁着"时和岁丰，中外康富"的机会，不管广大劳动人民生活痛苦，一味加重剥削来供应自己的腐朽生活。皇帝一次宴会，从日落一直吃喝到四更天，良金重宝，尽情赏赐。还说，"恨不得与卿等日夕相会"⑤。一国之君如此提倡，士大夫们的吃喝玩乐成为一时风尚，这就很自然的了。于是《笔谈》又告诉我们说：

> 这时天下无事，允许大臣选择胜地宴饮，侍从文馆的士大夫，经常在一起宴集，甚至市街上的酒楼食肆，往往都成为供帐游息的一地方。⑥

---

① 沈括：《梦溪笔谈》，卷11。
② 同上，卷21、卷22。
③ 同上，卷12。
④ 同上，卷17、25。
⑤ 同上，卷25。
⑥ 同上，卷9。

真宗统治的时代,是北宋历史上一个转捩点,宋初早就潜伏的社会矛盾,这时开始逐渐深刻化了。统治阶级生活腐化,正是引起矛盾激化原因之一。《笔谈》如实地反映出来,帮助我们了解这种情况。

赋役扰民的情况,《笔谈》也有所反映。而且它的态度很明朗,爱憎很分明。它对五代方镇割据时代,多于旧赋之外重取于民,表示不满,认为宋初的蠲免均赋,是必要而且是适时的。它又记载了海州盐场扰民的事实,自从那里设置了三个盐场,盐货运卖不出,堆积如山,人民亏失欠负的,动辄破产,因此刑狱、盗贼、差徭,都比旧时繁多。又宋廷调发军器,有弩桩、箭干之类,都不是当地出产,海州人民不胜其负担之苦。还有湖湘地区的茶租,也是人民的一个重负。作者赞同范仲淹"先省国用,国用有余,当先宽赋役"的说法,赞美王方贽出使两浙时,把每亩三斗的田税减为一斗,赞美范祥在陕西创立盐钞法,免去几十郡人民搬运劳役。[①]

对于北宋农民的阶级斗争,《笔谈》所耗篇幅不多,但却暴露了一些重大的真实情况。太宗时的李顺起义,是经常被我们提及的。它记载说:

> 蜀中剧贼李顺,攻陷剑南,两川、关右震动,朝廷忧虑起来。后来被王师所破,斩杀李顺,收复两川,论功行赏,没有什么异说。至景祐年间,有人告李顺还在广州,被巡检使臣陈文琏捕获,是真的李顺,年纪已七十多岁,推验明白,便将他囚解入京,复按都是事实。朝廷因为平蜀将士,都已颁过功赏,不想把这事张扬出来,只斩了李顺,赏给文琏二官,仍充阁门祗候。文琏,泉州人,康定中告老回泉州,我还认识他。文琏家藏有《李顺案款》,记载本末很详细。李顺本是味江人王小博妻弟,起初王小博在蜀中反抗,部众对他不服,共推李顺作头领。李顺初起兵时,把乡里的富人大姓,通通召集起来,叫他们说出家里所有财粟,按人口留下足用数目,余下一概调发,广泛赈给贫穷人家。他又录用有才能,存抚良善,号令严明,所至秋毫无犯。这时两蜀大饥,十来日间,归附他的就有几万人。所到的州县,纷纷

---

① 沈括:《梦溪笔谈》,卷11、卷12、卷9。《补笔谈》,卷2。

开门迎降,传檄所至之处,官军没有一个完整的堡垒。后来失败了,人们还在怀念他,所以李顺能够逃脱三十多年,这才被杀。①

作者虽然由于阶级的偏见,把李顺当作"剧贼",但是他对这支农民军的活动,忠实地予以报道,使义军赈济贫乏,纪律严明,受到人民热烈拥护的光辉事迹,能保留到现在。尤其是统治阶级长期以来,宣传起义领袖被捕的谎言,终于因《笔谈》勇敢揭露而被拆穿了,真相这才得以大白。

此外,《笔谈》更用许多笔墨,来探讨北宋的边疆和军事问题,暴露出当时的民族矛盾和作者的爱国思想。约略统计一下,书中有关边防事务的记载,总数当在四十条以上。北宋中期几次规模较大的民族战争,像澶渊、延州、熙河等战役,内容都有涉及。其中讨论的重点,又偏放在西夏上面。事实从 11 世纪中叶开始,西夏问题就很突出,已经成为矛盾焦点,沈括参加过这场现实斗争,有着深刻的切身体验。问题是他离开鄜延后,矛盾有了新的发展。宋神宗一死,沈括领导下经营得来的几个城寨,竟因旧党的主张平白放弃了。更懊恼的是,这些寨堡的放弃,并没有换取到西北的长期安定,使矛盾得到解决。对这个具有爱国抱负的老年人讲来,不免是一个打击。沈括以年迈在野之身,眼看无能为力,自然感到有点嗒然。因此他在这本书中,多研究民族问题,多谈边防地理,来表达他发愤图强的愿望。他曾写下一些历史人物的生动形象,给人们树立爱国

应运元宝。北宋初年,因蜀地赋税过重,当地农民王小波遂以"均贫富"为口号,于宋太宗淳化四年(993 年)率众起义,不久王小波战死,其妻弟李顺接管起义队伍。义军一度攻下成都,建立"大蜀"政权,李顺自称大蜀王,建元应运。应运元宝即为大蜀铸造、发行的货币。两年后,起义被镇压。

---

① 沈括:《梦溪笔谈》,卷 25。

主义的榜样，他们的名字是郭进、曹玮、狄青、种世衡等。他又写下了有关边防措置利害，如筑城、守具、塘泊、地图、粮运等事实。

　　总之，《笔谈》的内容非常丰富，它反映了最新的科技成就，和 11 世纪中叶交织着的阶级矛盾和民族矛盾，是我国古代一部杰出的学术著作。后世研究各种学问的人，常常征引这部著作，有很大的学术价值。但因它的写作是采用笔记体裁，以致它的科学成就受到许多限制。人们阅读这书，所得到的知识多是一些零星的片段，而不是系统的完整的学说。同样在文史方面，也缺乏系统性的阐述。这是一个很大的缺点，不过即使那样，缺点还是掩盖不了它的丰富内容，和它对各门学科的重大贡献。

《长兴集》《良方》及其他

《梦溪笔谈》以外，现存沈括著作中，以《长兴集》和《良方》为最重要。《长兴集》是综合性的文集，保存着沈括的诗文创作，当系因他受封为"长兴县开国男"得名。全书四十一卷，现存十九卷；其余二十二卷，在明代据宋刊本复刻时，便已经佚去。1718年（清康熙五十七年）吴允嘉刻《沈氏三先生文集》，见《长兴集》首尾残缺，曾做过一番辑补工作，从其他书中遍搜沈括所著文字，补编了开首三卷：第一卷是"骚赋、诗歌"，共二十五首。第二卷是"序"，共三篇。第三卷是"议、论"，共五篇。又在第三十卷末补《自志》一篇。这是目前比较完善的本子。不过允嘉未曾见到《续资治通鉴长编》，所以该书所载沈括重要文字，如《请排两浙州县保甲》《论河北边防事宜》《论两浙下户役钱》等奏议，以及正文、注文所引沈括《自志》，如《论盐之为蠹》《论钱荒》等篇都未被收录入内，以致仍多缺遗。

改编后的《长兴集》，计有骚赋、诗歌、序、议、论、刀笔、表、启、书、记、铭、碑志、自志、《孟子解》等十四目。保存了沈括的重要书札、表启、碑志等，都有重要的史料价值。内中如刀笔一目，载有比较完整的表记三十五篇，其中《进南郊式表》《奉元历序进表》；《进守令图表》等数篇，关系当时法令图历等重大编纂事务。《延州谢到任表》《贺捷表》《谢将士曲珍已下授官表》等，则关系到宋夏战争。又如碑志一目中，载有宗室官员等传记三十一篇，这些人物里面，有参加过澶渊会盟的张皓的儿子张牧，在陈州（今河南淮阳）忠实贯彻执行新法的向经，在丹州（陕西宜州）战守、筑堤、执行募役法有效的王克，在淮南改进漕运有功的张蒭，熙宁初出使西夏的沈兴宗等等，他们的事迹都关系重大，可以补充历史记载的缺略。

至于散见在《续资治通鉴长编》中的奏议，和同书所引的《自志》，虽然不一定都保持了原来文字，对于增补吴氏重编的《长兴集》，依然有重大意义。

理由是：不但因为它大体上保存了沈括原著的面目，而且因为它代表了沈括主要活动时期的政绩和政论。尤其因为沈括是变法袖之一，他的历史处处遭到旧史家的歪曲诬蔑，有了这些第一手材料，就可不致为片面之词之所迷惑。今集中所收《自志》，只是沈括居住梦溪园一节，而在《续资治通鉴长编》引文中，至少可以上溯至他察访河北，以后每事都有详细记载。从沈括在文中自称为"翁"，而所记又截至梦溪时代，推算《自志》当系晚年所作。其著作体例虽不可知，但从各书摘录情况看来，似乎不是一本首尾完整的传记，而是沈括晚年回忆的分段自述。《嘉定镇江志》引文下注，说出自《长兴集》逸文，可见当初未被编入集内。《自志》中所记事迹都是沈括亲身经历，从沈括在当时的重要地位，知道这本记载的内容，对我们研究变法运动发展的历史很有参考价值。

《良方》一书，世传也非原本。自宋人将苏轼医药杂说附入此书，已改名为《苏沈良方》，共编次为十卷。原书明代中期还有刻本，清修《四库全书》时未曾见到，乃从《永乐大典》辑出，但不如明刊本完整。考察本书内容，以出自沈括所著者为多。首先，沈括在序言中，发表了一套比较全面的医疗理论，然后记载了生平搜集的有效单方，详载它的服食方法、医疗成效。这本书的主要特点有三：

一、各种不同疾病的单方，搜罗异常丰富。如治小儿科的睡惊丸、青金丹、小黑膏、吴婆散等，治妇产科的沈麝丸、四神散、肉桂散、大黄散等，都反映了当时最新的医学成就。而灸法、眼科、伤寒等症候的治疗单方，又反映了作者个人研究心得。

二、作者在这本书著录的单方，都附载有截临床经验。他说：

> 我所说的良方，都是亲眼看到它的效验，这才把它记载下来，单凭听说来的都不录入。

其中有的单方，是沈括曾经治愈过病人的。如金液丹一种，几个已经气绝的小孩子，服食后都苏醒过来。也有的是他自己亲身尝试的，如四生散一种，他在河北察访时患眼病，服食四五帖便平安无事。

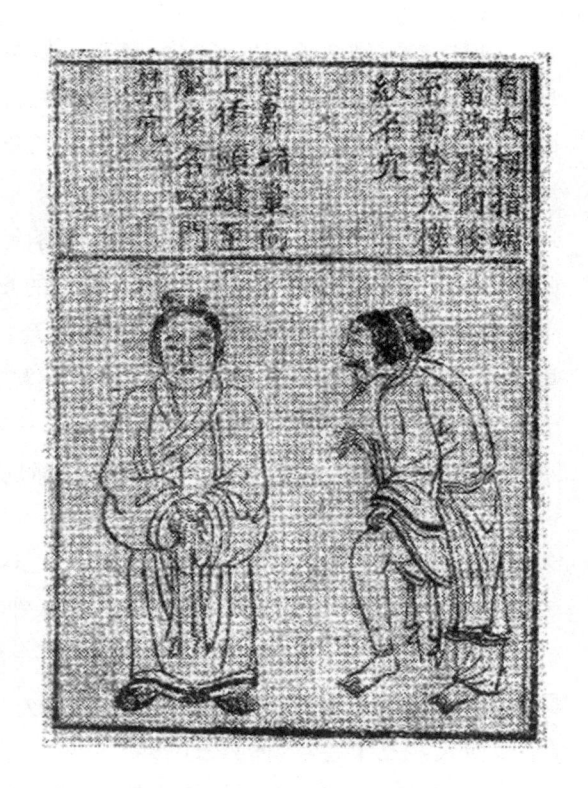

三、单方的来源是多种多样的，不愧为集大成的总汇。其中有的来自民间，例如"闾里号为圣散子"的四生散。有的出自古方，而又传自宫廷，例如出自《广济方》的苏合香丸，宋真宗曾把苏合香酒赐给近臣，又赐苏合香丸，这一单方才盛行于世。有的出自沈括家藏，可以说是个人独得之秘，例如"一丸活一人，曾无失者"卓有神效的小还丹，是他的族父所藏，平日是不轻易给人的，苏州人知道这种药的得多，但都得不到真方，沈括便把它记载下来。有的传自友人，例如沈括在金陵时医人王琪传给他的保神丸，经过实践证明是有效的。

明刊有图本《苏沈良方》（此图及其说明为原书所附）

世传单方，往往多言过其实，但是沈括的态度却这样审慎，自然要受到人们的重视，一致公认为祖国医学的珍贵遗产了。

此外，沈括又著《忘怀录》三卷，记载有关山居的游赏、饮食、器用等物，以及种植的方法。书中自称为梦溪丈人，当是晚年居梦溪时著作。因少时著有《怀山录》，到著作此书时，作者认为可以忘怀了，书便因此得名。原书已经散佚，只在《说郛》里保存了它的逸文。所记游山行具中的安车、醉床等，反映了宋代工艺技术的发展情况。所称药井，将云母等矿石投入井中，再盖上几尺厚的一重石块，然后汲水饮啜，这种方法和近代澄滤作用相同。这本书也有它的科学价值，可惜看不到它的全貌了。

其他有逸文传世并具一定规模的著作，是《乙卯入国奏请》《入国别

第七章 晚年居住润州，著《梦溪笔谈》

— 169 —

录》。据李焘《续资治通鉴长编》所引，似是一本书的两个部分。原书也早经散佚，逸文主要保存在李书熙宁八年三月辛酉、四月丙寅、闰四月丙申、六月壬子等数条注内。乙卯就是熙宁八年，这一年沈括参加了对辽交涉，这本书就是他的工作记录，记事时自称为"臣括"，称李评为"臣评"，这是事后向神宗报告时的用语。内容大约从萧禧来京起，直至使辽归国止，记载得十分详细，所以李焘说它的重要性并不下于《自志》。李书摘录的部分，以萧禧在京辩论分水岭界至，和沈括在永安山交涉经过，最为重要。特别所引《别录》一段，叙述沈括、李评和契丹官员辩论细节，文字细致生动，是今天所能看见的唯一详细记录；末附《书表司殿中丞王纯状》二通，《随行李回状》一通，都是有关这个历史事实的最原始资料。

　　沈括的著述很多，存目尚有《易解》二卷、《丧服后传》、《乐论》一卷、《乐器图》一卷、《三乐谱》一卷、《乐律》一卷、《春秋机括》一卷、《左氏记传》五十卷、《字训》、《南郊式》一百十一卷、《熙宁详定诸色人厨料式》一卷、《熙宁新修凡女道士给赐式》一卷、《诸敕式》二十四卷、《诸敕格式》三十卷、《使契丹图钞》一卷、《怀山录》、《天下州县图》一部、《清夜录》一卷、《熙宁奉元历》七卷、《熙宁奉元历经》三卷、《熙宁奉元历立成》十四卷、《熙宁奉元历备草》六卷、《比较交蚀》六卷、《熙宁晷漏》四卷、《修城法式条约》二卷、《茶论》、《灵苑方》二十卷、《集贤院诗》二卷、《沈存中诗话》等。这样看来，这些著作论述的方面很广，《宋史·沈括传》所说的，"括博学善文，于天文、方志、律历、音乐、医药、卜算无所不通，皆有所论著"。这句话并没有夸大。

捌

沈括在自然科学方面的成就

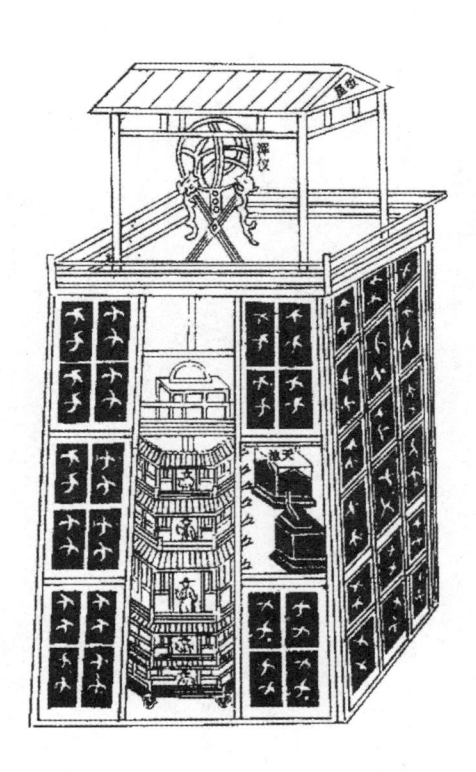

天文记载和地磁偏角的发现

　　回顾沈括生平事迹已经完结，这里我们要将这位杰出科学家的学术成就，分成自然科学和人文科学两大部分，分别概括介绍一下。凡在上面各章中已经详细提及的，为着避免不必要的重复，一般予以从略。这里所要介绍的，首先是天文学的成就。沈括在进入司天监前，就提出过许多卓越的见解。这些见解，后来他写在《浑仪》等"三议"里面；晚年又将它充实，收入所著的《梦溪笔谈》。所以《笔谈》一书，集中了沈括天文学说之大成，凡在"三议"中提到或未提到的一些学说，到这时候都有不同程度的引伸。这些问题的内容，因为前面都已分别谈到过，这里也就不再重提了。

　　然而沈括著作的内容，并不限于发表他个人的学说，同时也总结了历史上的重要理论，还保留了一些科学观察的记录。他在讨论浑仪制造时，首先列举各家仪象之法，并且对古今天文学的不正确说法，分别有所辨正。在《笔谈》一书中，他论述了浑仪（古代测定天体现象的仪器）和浑象（古代表示天体的仪器）两种天文仪器的不同，又对传统的周天三百六十五度的划分，黄道、赤道和月有九道的原理，都有所解释和辩论。所有这些，无疑地可视为天文学史的重要文献。有关古天文学"辰"这个名称的使用，沈括即曾做了一番综合分析，他说：

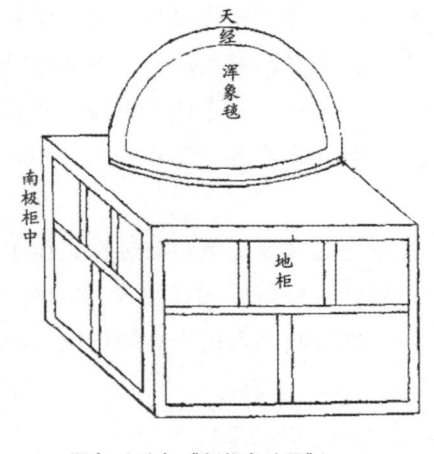

浑象（采自《新仪象法要》）

> 天事以辰为名的很多，都本于辰巳的辰。例如：十二支叫十二辰，一时叫一辰，一日叫一辰，日、月、星叫三辰，北极星叫北辰，大火星叫大辰，五星里面有辰星，五行之时，叫做五辰。①

他比较全面地搜集了古代经传所记载的辰，说明它的意义，进一步解释它的来历。这样总括起来，古天文学上的所谓辰，不外可以归结成两大类：一类是星辰的辰，用辰作为天象的代表，如大火、参伐、北极、日、月、星之类。一类是时辰的辰，以辰作为时间的阶段，如一月、一日、一时和五行之时之类。研究经传中所说的辰的来历，就可以看到我国古代天文学的演变。②

有关1064年（宋治平元年）常州地区陨石的一记载，是我国天文学史上一个杰出的科学记录。

> 治平元年，常州日落的时候，忽闻天上大声像雷一般响，一颗几乎和月亮相似的大星，在天空的东南面出现。一会儿又震动了一声，却移到西南方面去了。然后又震了一声，坠落在宜兴县民许氏花园内，远近的人都望见，火光赫然照天，许家园子的篱笆都被烧坏了。等到火焰熄灭后，看到地面有个杯子大小的洞，入地很深，往下望时星就在里面，火光荧荧，许久才逐渐暗淡，但还热到不可挨近。又隔了许久，才把地洞掘开，在深三尺多地方，得到一块圆石，这时还热得很，大小和拳头差不多，一头略微尖锐，颜色似铁，重也像铁一般。州守郑伸把它取去了，送到润州的金山寺，到现在还用匣子收藏着，只有游客来的时候，才打开来看看。王无咎把它记载得很详细。③

沈括将这次流星下坠的过程，作了完整而科学的描述。从这段记载中，可以看到流星以巨大速度从空间进入大气层时，和大气剧烈摩擦而变成灼热，燃烧起来发出光亮的情况。跟着他又确实指出所坠地点，描绘了陨石

---

① 沈括：《梦溪笔谈》，卷7。
② 朱文鑫：《天文考古录》，页122—124。
③ 沈括：《梦溪笔谈》，卷20。

所落地区形成的环形陨星坑。也记录了挖掘的经过,所得陨石,原是几乎全由铁组成的陨铁。王无咎的记载我们看不到了,只有沈括给我们留下这条线索,提供今天进一步作调查采访的根据,以便于对这块九百年前的陨石进行实物探索,以丰富我们科学研究的成就。

有关指南针使用方法和二十四至定向的首倡,上面都曾经提到过了。由于指南针制造材料、形式和装置技术的进步,就有可能促使人们发现地磁子午线和地理子午线的不一致,亦即磁针不是指着正南这一事实。在这个发现中,沈括是一个先驱者。他说:

> 方家用磁石磨针锋,就能够指南。不过常常稍微偏东,不是完全向南。①

这几句说话,就是世界上最早的地磁偏角记录。他指出磁针不指向正南而稍微偏东,按现代科学来说,也就是它的北极不指正北而稍微偏西。这个发现,表示沈括已能精确地定出地理子午线的方向,只有指南仪进步到细长针形,和今天磁针形状已非常接近,才能产生这样的结果。

沈括对地磁偏角的大小并没有说明,但是根据他的观察,磁针所在地点的磁偏角,是偏西的微小角度。《笔谈》对当时观察地点也并没有提及,因此要用现代知识判断它的精确数值,还没有这样的可能。但是从历代各地磁偏角的记录,看到黄河、长江等流域和南方各省,磁偏角几乎都在5°以内。这样沈括观察地点当时的偏角,很可能只有几度。这个真理的发现,是极不容易的。翻开西方的科学史,相传直至1492年哥伦布第一次横渡大西洋的时候,才发现了磁针的偏角。比较沈括著作《梦溪笔谈》的年代,约迟上四百年之谱。②

---

① 沈括:《梦溪笔谈》,卷24。
② 参考王锦光:《梦溪笔谈中关于磁学与光学的知识》,载《浙江师范学院报》1956年第2期。

《十二气历》的发明

古代是阴阳历并用的,因此在历法上一个根本问题,就是阴阳历之间的调和问题。月绕地球运转周期为 29.530588 天,地球绕太阳周期为 365.242216 天,两个数字之间互除不尽,这样,使得用十二个月来配合春、夏、秋、冬四时的历日制度,始终存在着矛盾。我们的祖先早就采取了闰月的方法,并且采用十九年七闰的方法,把这种差异弥补得很成功。虽然这样,但因阴、阳历的根本差异没有消除,而历日制度的安排又是一件复杂的事,因此历日和节气脱节的现象,还是经常地出现。为了解决这个问题,沈括大胆提出一个彻底改革办法,主张完全废弃阴历,采用阳历。这是一个赋有革命性的主张,如果得到实现,对农业生产的发展必然会起重大作用。

沈括的新历法是在他晚年提出的。在他的《补笔谈》里面,保存着一条记载,事实上是一篇短短的论文,这是我国天文学史上的宝贵文献。在这条简短的文字中,沈括首先讨论了置闰和气朔不正的问题。他说置闰法的产生,是古代遗留下来的,本来不应当议论,但是有许多事情古人没有见到,而有待于后世发现的,只要所说的是真理,没有什么古和今的分别。沈括在这里肯定了事物运动变化的规律,反对盲从古人,认为学术不断地在发展,不应固定在前人水平上面。许多前人未曾发现的事物,到后来发现了;前人未曾想到的问题,后人却想到了。这是一种进步的思想。

其次,他叙述了历法中出现"气朔相争"的现象,并对形成这现象的原因,加以科学的探讨。他说,历日上往往存在"春行冬令"的情况,这是由于朔日走在节气的前头,"徒谓之乙岁之春,而实甲岁之冬也"。反之有时存在"冬行春令"的情况,这是由于朔日落在节气后头去了,"徒谓之甲岁之冬，乃实乙岁之春也"①。这两种现象的发生，根本在于一月二十九天，和一年十二月，都有奇零，互除不尽。虽有闰法，而"闰生于不得已"，是一种无可奈何的补救办法，不能根本解决问题。再加上古人不懂得岁差原理，历日计算得不够精确，这就不能不形成"岁年错乱，四时失位"的情况。这一分析，是和实际情况符合的。因此他得出的结论是：四时季节的产生，主要是节气的变化使然，和日月的盈亏毫无关系。今历法专门以朔定月，节气反而降到不重要地位，这是不合理的。他提出一种崭新的历法，正是基于这个结论而来。

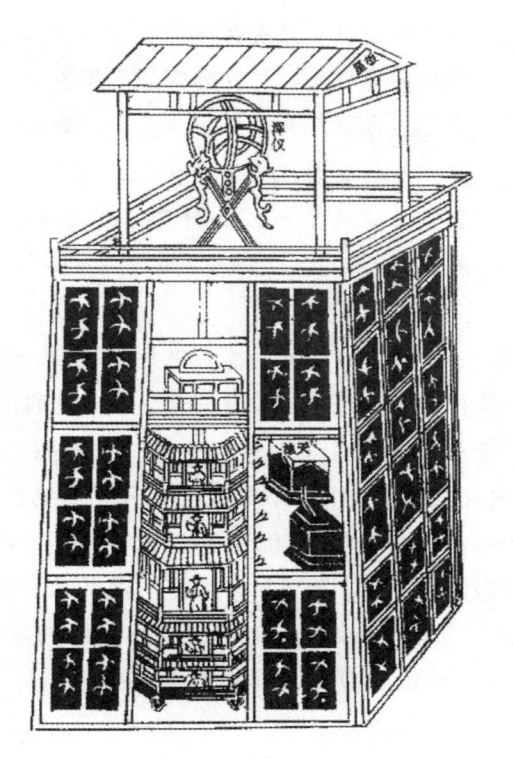

包括浑仪、浑象等多种天文仪器的水运仪象台，这是一种古代的自动化机械化天文演示装置（采自《新仪象法要》）。

沈括的日历又是怎么回事呢？既然月的朔望和季节变化没有关系，而闰月的安排又不能完全解决问题，这样无论在实用上说，历法的精密简便上说，都没有理由死守以月计年的传统，让气朔的矛盾继续下去。因此他赞成彻底废除十二月为一年的制度，改用十二气为一年的制度。他说：

> 现在的办法，不如用十二气为二年，再不用十二月。干脆以立春那天做孟春的一日，惊蛰作仲春的一日，大尽三十一日，小尽三十日，年年齐尽，永无闰余。十二月经常一大一小相间，纵然有两个小月相并，一年不过一次。这样就使四时的节气经常正确，不会发生岁时和实际相矛盾。日、月、五星也自然随从，毋

---

① 沈括：《补笔谈》，卷2。

须更改旧法。只有月亮的盈亏，虽然有的事物和它有关系，如海潮和胎育之类，与岁时寒暑气节不相干，把它放在历日里就可以了。假定以元祐元年为例，当孟春小，一日壬寅，三日望，十九日朔；仲春大，一日壬申，三日望，十八日朔。像这样的历日，岂不是简易平正，上面又符合天道运行，不必要操心去设法补救了？①

第一，他用立春那天为孟春之月的首日，惊蛰为仲春之月的首日，以下依此类推，用节气来定月份，这是一种彻底的改革。第二，月分大小：大月三十一日，小月三十日，一大一小相间，把闰月完全去掉。这样即使有"两小相并"的情形，也不过一年中只有一次。即是说有"两小相并"的一年，共有三百六十五日；没有的一年，共有三百六十六日，和现在通行的太阳历一样。第三，月亮的朔望可以不管，为着对某些事物还有它的作用，可以把它放进日历去，作为一般的内容，最后他举元祐元年（1086年）为例，说明这种新历安排的办法。

这样彻底的一个阳历，公认为比现行的公历《格里历》还要合乎理想。因为《格里历》十二个月的大尽、小尽，安排得还不很合理，节气的日期还有一日的上下，远不如沈括的《十二气历》。② 农民春耕、夏种、秋收、冬藏，统要看季节来决定，沈括所创历法，最适合劳动人民的需要。但是对地主阶级的士大夫讲来，却不是这样，沈括这一革命性的主张，自然不会受到他们欢迎的。直到清朝，也还有人对这种历法提出异议。他的历法受到士大夫们的反对，这一层他也预料得到的。他说：

我起先验证说一天百刻有余有不足，人们已经怀疑我的说法。又说十二次斗建应该随岁差迁徙，人们就愈加惊骇。现在这番历法议论，愈发要招致怪怨攻骂了。但是日后必定有采用我的主张的一天。③

---

① 沈括：《补笔谈》，卷2。
② 参考钱宝琮：《沈括》，载中国科学院中国自然科学史研究室编：《中国古代科学家》，页115。
③ 沈括：《补笔谈》，卷2。

距离今天已近九百年，冬夏一天时刻有长有短，斗建之随岁差而迁移，早已成为定论。就是沈括所提倡的阳历法，也在世界各国通用起来。现在英国气象局统计农业气候和生产所用的《萧讷伯历》，也就是采取和沈括的计划相同的一种历法。沈括当时能够不顾众议，大胆创立提倡新说，并且自信日后一定可以实行，其笃信真理的精神，是值得后人敬仰的。①

---

① 参考竺可桢：《中国古代在天文学上的伟大贡献》，载《人民日报》1951 年 2 月 26 日。

隙积术、会圆术

在数学方面，沈括也有很大的成就。《梦溪笔谈》一书中，载有他创立的"隙积术"和"会圆术。前者是高阶等差级数的求和法。古代数学家研究代数，很早就注意到等差级数和等比级数的问题。直至宋代出现了高等级数，推进了数学家对级数的研究，这方面有了很显著的进步。首先从等差级数推广而为高等级数的，不是别人，正是沈括。沈括看到酒店和陶器店里，把瓮、缸、瓦盆之类，堆成一种长方台形状，底层排成一个长方阵，以上逐层长阔各减一个，要想计算它的总数，觉得《九章算术》《商功》一章里所载"刍童"（长方台）的求积法，不能适用，便创立了一种新的计算法。因为这堆东西里面有虚隙，和实质的刍童不同，因此特叫这种算法做隙积术。①

为什么叫隙积术呢？他说："隙积者，谓积之有隙者，如累棋、层坛及酒家积罂之类。"② 由于垛积之间有虚隙，所以他说垛积的个数用刍童公式计算，常是太少。他所创立的正确计算法，译成现代公式是：设垛积的最高隙一层是纵 a 个，横 b 个，排列成一长方形；第二层纵横都增多一个，依此类推，最低一层为第 n 层，纵 a′ 个，横 b′ 个，组成长方形，求垛积个数的和。则：

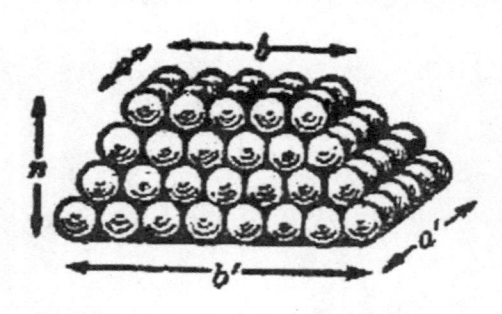

隙积术算法，和后世西洋数学中的"积弹"类似。（此图及其说明为原书所附）

---

① 许莼舫：《中算家的代数学研究》，页 28。
② 沈括：《梦溪笔谈》，卷 18。

$$ab + (a+1)(b+1) + (a+2)(b+2) + \cdots + a'b' =$$
$$[(2a+a')b + (2a'+a)b' + a' - a]\frac{n}{6} ①$$

自从沈括开辟了新的研究方向，到南宋的杨辉和元代的朱世杰，又对高阶等差级数作了更深入的研究。杨辉《详解九章算法》的《商功》章，把《九章算术》的方锥、方亭、刍甍、刍童、鳖臑五种求体积的方法，变通成为四隅垛、方垛、刍甍垛、刍童垛、三角垛的五种"垛积术"。其中的刍童垛和沈括的方法完全相同，其余都是古书所未见。朱世杰《四元玉鉴》卷下"果垛叠藏"中的三角台垛、四角台垛、刍童垛、刍甍垛，都依据了隙积术来立算。他们所举出的许多新级数，都是由沈括的研究推广而得。沈括的创始功绩，是不容泯灭的。②

沈括对平面几何学的研究，也创立了会圆术，因而推动了它的发展。什么叫会圆术呢？他说："凡圆田，既能拆之，须使会之复圆。"③用现代的语言说，会圆术就是已知圆的直径和弓形的高（即矢），而求弓形底（即弦）和弓形弧的方法。已知弓形的底 c 和高 b，求它的面积 A。《九章算术·方田》章内的弧田术所用公式为：

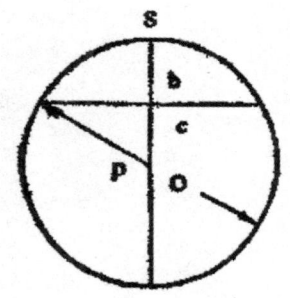

（此图为原书所附）

$$A = \frac{1}{2}(bc + b^2)$$

这个公式所求得的近似值，是不很精密的。沈括创立的会圆术，要从圆径 d 和高 b 求弓形弧长 S。他先根据勾股定理求出：

$$c = 2\sqrt{\left(\frac{d}{2}\right)^2 - \left(\frac{d}{2} - b\right)^2}$$

---

① 中国科学院中国自然科学史研究室编：《中国古代科学家》，页116—117。
② 参考许莼舫：《中算家的代数学研究》，页30。李俨：《中算史论丛》，第一集，页337。
③ 沈括：《梦溪笔谈》，卷18。

再用公式 $S = c + \dfrac{2b^2}{d}$ 计算弧长 S。这是继《九章算术》弧田术以后，另一个近似公式。① 虽然只能求得近似值，但在实用上已很足够。沈括以后，元代郭守敬的《授时历》，以四次方程式求天球"黄道积度"的矢，就是应用沈括的公式来列式的。② 郭守敬是元代杰出的科学家，他的天文测定和计算，比较他的前驱者都更为正确。中外学者一致承认，沈括的研究为他们开了先河，这里所说到的会圆术，就给守敬的球面三角学奠定了基础，其重要性也就可见了。③

---

① 中国科学院中国自然科学史研究室编：《中国古代科学家》，页117。
② 参考许莼舫：《多才多艺的数学家沈括》，载《科学大众》1953年11月号。
③ 李约瑟：《中国科学技术史》，第三卷，页110、页39。

对磁学、光学、声学的研究

沈括对物理学的研究成果，也是丰富而可珍贵的。《笔谈》中所载这方面的知识，包括力学、光学、声学、热学、磁学等各部门，在我国物理学史中，发出了闪烁的光芒，这些成果还有待于进一步整理。其中为我们所熟知、上文曾经提到过的，是他的磁学研究。沈括在磁学知识方面的贡献，有下列几点：

一、他在《梦溪笔谈》里，写下了已知的最早磁针记录。写在《笔谈》以前的曾公亮等所编《武经总要》，也只提到用铁片剪成鱼形的指南鱼，而沈括却明确记载了四种不同装置的磁针。他更明确地指出，这四种之中，以用丝线悬挂的方法为最好。的确，这种悬挂在丝上的磁针，使用既很简易，灵敏的程度也更大，是一种比较进步的方法。

二、他是已知的世界上第一个发现磁偏角的人，《梦溪笔谈》中有关这方面的记录，是现存最早的磁偏角记录。

三、他认识到磁石的两极性，并且将人造磁铁的事实记载下来。他说：

　　用磁石磨针锋，尖端常指向南方，也有指向北方的。[①]

他观察出用永久磁石磨过的缝衣针，针锋有的指南，有的却指北，便进一步推论用以磨针的磁石性质上有所不同。这种推论是合理的。但他还未能肯定地作出结论，因为他没有明确认识，每一磁石都有南北两极的事实。有关人造磁铁的磁化方法，《梦溪笔谈》以前的文献，只有《武经总要》

---

① 沈括：《补笔谈》，卷3。

在谈到指南鱼时，有"以密器收之"的话，似乎和磁化有关。这句话的意思，可能是指把鱼形的铁片和永久磁铁放置一个盒内，使它磁化。但在《笔谈》记载中，却一再明确提到，"方家"用磁石磨针锋，使它指南的事实。这又可以看出，早在沈括著书以前，我们的祖先已经发明用永久磁石磨针，使它磁化的方法。

四、他把磁石指极性的原因，作为一个问题提出，认为值得深入研究。从当日科学水平来说，把地球作为一个磁体，来解释磁针的指极性，还没有可能。所以沈括对于这个问题，一则说"不知道是什么道理"，再则说"南北方向相反，道理应当有别，不过没有深入思考过罢了"。他坦白地表示未曾深入研究，未能找出它的原理，因而把它当作疑难问题提出，以便后人进一步探讨。这是一种正确的科学态度。①

在光学方面，沈括又发现了几个重要问题：

一、他对光线直线进行和凹面镜成像进行观察，并且进一步给以形象化的解释。根据《梦溪笔谈》记载，他看到凹面镜（阳燧）照物体所成的像是倒的，便做了两种不同的实验：一是小孔成像的实验。他直接观察鸢儿在空中飞动，看到地面上的影子也跟着鸢儿移动；影子移动的方向，是和鸢飞的方向一致的。然后把窗子穿上一个小孔，让光线照到鸢身上，再穿过窗孔照在室内的壁上，看到影子和鸢飞的方向，便恰好相反了。鸢儿原来向东，影子便向西；鸢儿向西，影子便向东。而窗外的楼塔等物，光线穿过窗上小孔时，所成的影子也是颠倒的。凹面镜照成倒像，就是这个道理。二是凹面镜的实验，他做了凹面镜成像和凹面镜向日取火两个实验。前者他用手指当作镜前实

沈括所作鸢儿飞动和影子移动方向的观察（此图及其说明为原书所附）

---

① 参考王锦光：《梦溪笔谈中关于磁学与光学的知识》，载《浙江师范学院学报》1956年第2期。

物，先把手指迫近镜面，然后逐渐向远处移动。当手指靠近镜面时，看见像是正的。以后手指逐渐远移，到某一处（焦点）地方，镜子里便看不见像，这个地方就是沈括所说的"碍"，正好如窗上的孔，或两头大腹部小的腰鼓的腰。当手指离开这里再向远移，看见的像便是倒的。后者他把凹面镜对着太阳，看见反射的光都向内聚集在离镜面一二寸地方，形成一个像芝麻或豆子那么大小的小点，把东西放到那里，就会燃烧起来。对这些现象的解释，他生动地用摇橹和腰鼓来形容，认为光线穿过小孔或焦点，正如船橹的支点和腰鼓的细腰，他把它通称为"碍"。他虽然将小孔和焦点混为一谈，但是能把两个光学上不同的现象联系起来解释，说明所以成倒像是因为光线穿过"碍"形成光束的道理，同时形象地描绘出光线通过"碍"的情况，这是一件不简单的事情。在我国古代，《墨经》中就有关于针孔照相匣的经验和凹面镜的焦点与造像的研究，沈括在这方面作了进一步的发展。①

二、他对凸面镜成像的大小，在《笔谈》一书中也有论述。他说，古人造镜子，大镜造得平一些，小镜造得凸一些，因为凹面镜所照的像比人脸大，凸面镜所照的像比人脸小，所以小的平面镜里，照不出整个人脸的像，必须造得稍微凸一些，使所照的像缩小。这样镜子虽小，却可照出整个人脸。因此造镜子的时候，必须根据镜子的大小，来决定镜子的曲度，使人脸的像恰好和镜子一般大小。他从古代劳动人民制镜的规格，推出镜子大小和应具备曲度的关系。这样他不但研究了凹面镜成像，也研究了凸面镜的特点，我们从他所记的文字，不单只看到了沈括的光学知识，也看到了当时人们已经具有许多凹凸镜的知识了。②

三、他对"透光镜"提出了新的解释，启发了后来学者对这个问题的研究。透光镜是我国古代制镜技工的智慧创造，把镜对着太阳照时，镜背的花纹文字能够反射到墙壁上，了了分明。当时学者不知它的制造过程，对这种现象得出不正确解释，认为铸镜时薄处先冷，只有镜背上比较厚，冷却得慢，铜缩得多，纹理虽在背后，而镜面隐约露出痕迹，所以在光线中反射出来。沈括对这解释感到疑惑，他用同样外形的几面镜来做实验，

---

① 参考王锦光：《祖国古代在光学上的成就》，载《科学画报》1955 年第 2 期。
② 同上。

有自己家藏的，也有别人家藏的。结果只有透光镜才能透光，非透光镜哪怕是很薄，也不会透光。因此他就丢掉了那种解释，另外提出"古人别自有术"的看法，导致后来学者的继续研究。在沈括以后，金有麻知几，元有吾丘衍，明有方以智，清有郑复光，都研究了同一课题。吾丘衍在研究时，便注意到制镜的方法，得出了"铜有清浊"的结论，这不能不归结到沈括首倡功绩。[1]

  磁学和光学以外，沈括还研究了声学上的共振现象。在这个问题上，他做了两个实验：在同一七弦琴上，原有宫、商、角、徵、羽、少宫、少商七条弦，少宫、少商各比宫、商高八度音。他剪一个纸人放在少宫或少商弦上，弹动宫弦或商弦时，在相应的少宫、少商弦上的纸人便会跳动起来，而在弹其他弦时，纸人却不会跳动。然后又在不同的琴上实验，将纸人放在另一个发声体上，当两个乐器的发声频率相同时，弹动一个琴的弦，放在其他一个琴相应弦上的纸人同样也会跳动。经过这个实验，证明一个发声体的振动，能引起另一频率相同的发声体的振动。这就是声学上的共振，沈括把它叫做"应声"。[2]

---

[1] 参考王锦光：《梦溪笔谈中关于磁学与光学的知识》，载《浙江师范学院学报》1956年第2期。
[2] 沈括：《补笔谈》，卷1。

地质学上的卓越见解

在地质、地形方面，沈括提出过一些锋利的见解。我国自古虽有"高山为谷，深谷为陵"的说法，但在沈括以前的时代，一般都说得不够具体，不能正确阐明山谷变迁的原因。沈括在这方面迈了一大步，在我国科学史上留下光辉的记录。

一、在《梦溪笔谈》一书中，他描述了巉岩峭壁的水蚀地形，并说明它的成因是由水力侵蚀所致。1074年（熙宁七年）察访浙东时，他曾深入到温州的雁荡山，观察了山区的特殊地貌，发现雁荡诸峰，峭拔险怪，上耸千尺，穷崖巨谷，不像其他的山，都包在群谷之中。从岭外望去，什么都看不见，跑到山谷里面，但见森然冲天。他研究这种地形的成因，认为应当是被谷中大水冲激，泥沙尽被刷去，才剩下巨形石块高峻独立。这就明白指出由于水的侵蚀作用，地面被流水侵蚀，挖切而成为山岭了。他又说：

> 像大龙湫、小龙湫、水帘、初月谷等处，都是水凿的洞穴，从下面望上去，只见高岩峭壁；从上面看来，恰好和地面相平，以至各峰的顶尖，也低于山顶的地面。①

这里他描写了这种水蚀地形的特点，由欣赏山区风景，进而研究地形构成的原理。

他运用雁荡山观察结果，和其他地区类比，特别联系到西北的黄土区，得出结论说：

---

① 沈括：《梦溪笔谈》，卷24。

今成皋、陕西的大涧里，常看见百尺高的土墩，迥然耸立，这是雁荡山的缩影，不过这里是土那里是石罢了。

他用比较研究方法，进一步指出西北黄土带的土墩，正是相同的应力所造成；所不同的只是组成物质，有土质和石质的分别罢了。生在11世纪的沈括，对地形构造有此卓识，可说是难能

沈括所描述峭拔险怪的雁荡山（此图及其说明为原书所附）

可贵的。世界上和他同时而略早的学者，用侵蚀作用解释山岳成因的，也只有阿拉伯的阿维森纳一人。

二、他根据岩石中古生物遗迹，正确地推断河北平原的生成，并归纳成为普遍的原则，说明河流对海陆变迁所起的作用。在同一年秋天，沈括察访河北西路时，沿着太行山北行，也观察到所见山崖，杂有螺蚌壳和鸟卵形砾石，横亘石壁中有如带状。经过他的研究，断定这带原是旧日海滨，观察时已经距海近千里，所以太行山东麓就是古代的海岸线。自此而东，昔为沧海，今为大陆。这带所说的大陆，都是泥沙沉淀所成，也就是黄河、漳水、滹沱河、涿水、桑干河等浊河，挟带来的泥沙构成的平陆，今天我们叫它河北平原。

然而他的成就，并不停留在研究河北个别地区上，同样地他采取了类比的方法，从河北平原的构成，推论到其他地域。进一步说关陕以西诸水，每年挟带东流的泥沙，也都成了大陆的冲积土，是理所必然的。这样就断定了河流上游的侵蚀，经过水流搬运以后，都会在下游沉积起来，成为大陆的泥土，这是对河流作用的全面概括。沈括根据了古生物化石，来推断海陆的变迁，这是非常正确的。唐代的颜真卿，虽也提到抚州南城县（今江西南城）麻姑山，"高石中犹有螺蚌壳，或以为桑田所变"[1]。但是远远没有沈括讲得确切，描写得那么具体，甚至对化石沉积的形态，横亘成为带状，也留下了明确的记录。后来南宋的朱熹，便发展了沈括这一学说，由化石而推论到岩石的生成，那又完全以《梦溪笔谈》的记载作为立论依据的。至于提出河流侵蚀的作用，在世界上也是他最早。英国人郝登是较先提出的，但却迟于沈括六百多年。[2]

雁荡山今貌

三、他对古生物化石和矿物的生成、用途等等，都进行了观察，并且提出许多难得的卓识。上面说到沈括在太行山，看到横亘石壁如带的螺蚌壳，认识到这是古生物的化石，并且对它的沉积形态留下了记载，这在他那个时代是很不容易的。《笔谈》有关化石的记载还不止此，他在延州的时候，就发现过一种近乎竹类的化石。这是在地面下几十尺的地方发现的，他把发现的东西称为"竹笋"，"竹笋"有数百茎之多，"根干相连，悉化为石"[3]。他在浙东的时候，又在婺州（今金华市）金华山，也发现过松的化石。根据这个事实，他便推论到桃核、芦根、蛇、蟹等动植物，都

---

[1] 颜真卿：《颜鲁公文集》，卷13，《抚州南城县麻古山仙坛记》。
[2] 高泳源：《我国古代对一些自然地理现象的认识》，载《地理知识》1954年7月号。
[3] 沈括：《梦溪笔谈》，卷21。

可以变成化石。① 把化石解释为生物的遗迹，沈括虽比颜真卿为晚，但比较西方的达文西②，却早约四百年。③

此外他对各种矿物的记录，为我们所熟知的，首先是石油。沈括对石油采集的情况，留下了珍贵的记录，上面也曾谈及了。值得补充说明的是，他对石油用途的卓越发现。他在延州的时候，看到当地人民采集石油，燃烧时冒出一股很浓的黑烟，连帐幕也熏黑了，便断定这种烟大可以利用。他第一个用它代替煤烟，制造成为墨，并且说"此物后必大行于世"。他又说："盖石油至多，生于地中无穷，不若松木有时而竭。"④ 他认识到陕北油田石油储藏量的丰富，认为石油不单可以替代松木，是一种有价值的燃料，而且地层下面蕴藏无穷，可供大量开采，甚至用之不竭。他对石油的评价，确实是很高的。

他又从泉水熬炼胆矾的事实，认识到"水能为铜"。从石钟乳的观察，认识到这是"石穴中水所滴"。因而归结成为"土能生金石，湿亦能生金石"两句话的验证。⑤ 他观察到地下水也含有矿物质，是一项有价值的科学记录。同样地他从解州盐池，观察到玄精石（石膏）的产生，是咸卤津液渗入泥土，积久凝结而成。他用杏叶、鱼鳞、龟甲等事物，形象化地说明它的结晶形态，比喻得也逼真酷肖。⑥

---

① 沈括：《梦溪笔谈》，卷21。
② 达文西，即达·芬奇。——编者注。
③ 葛利普《中国之古生物学》，转引胡道静校注《梦溪笔谈校正》，下册，页760。
④ 沈括：《梦溪笔谈》，卷24。
⑤ 同上，卷25。
⑥ 沈括：《梦溪笔谈》，卷26。

气象观察和物候记录

沈括对气象和气候，都有精心的观察与研究。上文曾经提到过，他在《梦溪笔谈》里记载了李元规的天气预测。事实是这样的，在东南的江湖地区间，商人在盛夏旅行，都有一种预测天气的技术。他们从经验中得知，大凡夏季起风，多半是在午后。行船的人，五更天起身，四望星月明洁，天无片云，才启程前进，到中午时，即便停止，这样可以避免遇到暴风。这是很灵验的，国子博士李元规旅行江湖，就用这个方法预测天气，一生未曾遇过暴风。其实沈括自己，也懂得预测天气的技术。一次遇到京师久旱，神宗问他下雨的日期，他预测就在明天，果然到了次日，天就下大雨。[①]

对于气象方面，他更进行了一系列有意义的观察，而且这些观察，又都留下了科学记录：

一、他在《梦溪笔谈》里，记载了有关虹和大气中的折射现象，肯定了另一科学家孙彦先所提出有关虹的成因学说。这次观察，是他在熙宁中出使契丹时所作的。在一个新雨初霁的黄昏，他看到所住帐前小涧上，出现了虹，虹的两头垂入涧中。他叫人渡过小涧，隔虹对立，中间离开几丈，便像隔着一重绡縠似的。自西朝东望，就可以看见；站在涧东向西望时，却被阳光闪烁，一点也看不见。因此他引用孙彦先的话说，"虹是雨中的日影，日光照着雨点时便发生"[②]。通过这次实验，他指出虹的位置和太阳相对，傍晚的虹出现在东方，须在一定位置观察。他用孙彦先的学说，来解释虹的成因。这个解释虽还没有现代完整，但在九百年前便持有

---

① 沈括：《梦溪笔谈》，卷25、卷7。
② 同上，卷21。

这样见解，无疑地是很有价值的。到南宋时，朱熹根据了沈括这一论述，进一步批判了前人所谓虹能止雨的说法，说明因云薄雨稀，才能透漏日光，因为透漏日光，才能看到虹的出现。

二、他又记载了山东沿海出现的"海市"，并且批判了世俗相传"蛟蜃之气所为"的迷信解释。他首先记载了登州（今山东蓬莱）海中的所见，说：

> 登州海中时常看到有云气，如宫室、台观、城堞、人物等等，车马冠盖，历历可见，叫做海市。①

他没有解释它的成因，但批判了蛟龙吐气变成的旧说，怀疑这种说法是荒谬的。另一方面，又将它和欧阳修出使河北时在高唐县（山东高唐）所见，两种成因相同的现象联系起来，推论到这种情况不仅出现在海滨，而且也发生在大陆。断定这两种"海市"，是"大略相类"的一种事物。

三、他的有关陆龙卷的记载，是我国科学史上稀有的资料，这一详细记录，对说明世界陆龙卷的地区分布具有重大意义。记载的大意说：

> 熙宁九年，恩州武城县地方，有旋风自东南而来。望见它好像插在天上的大羊角，沿途大树都被拔起，一会儿旋风便卷入天上的云霄中。及至愈来愈近，便经过县城，把官府房舍和民居一扫而空，通通卷入云间去了。县令的儿女和奴婢，被卷到半空中又摔了下来，有几个人跌死和受伤。人民伤亡和失踪的，更不可胜计，县城也成了一堆废墟，所以搬到现在的县治来了。②

经过现在的考核，这段文字，除了年代和起风方向，沈括所记有错误以外，它科学而生动地描绘了这次龙卷风的全部情况。就是陆龙卷的外形，从积雨云的底部下垂，和象牙的形象很相似，沈括用"望之插天如羊角"来绘画，形容酷肖，足见它的记事精详。③ 过去曾有一种说法，认为龙卷

---

① 沈括：《梦溪笔谈》，卷21。
② 同上。
③ 胡道静校注：《梦溪笔谈校正》，下册，页709。

— 192 —

风是美洲独有的现象。但是沈括明白告诉我们，在11世纪时的我国，曾经肯定有过，可见那种说法不是事实。①

　　物候学是我国土生土长的知识，凡是研究古代气候的，都用它作为重要的材料，这是祖国一门优秀的文化遗产。沈括在这方面，也留下了重要贡献。在《梦溪笔谈》里，他曾引用杜甫诗句来说明北方的一种白雁，每到秋深才飞来，所以河北人民管这种候鸟叫"霜信"。② 还有论古法采草药一段，不单只记载了物候的现象，而且在理论上也有杰出的阐发。首先他用白居易的诗句"人间四月芳菲尽，山寺桃花始盛开"，说明了高度和温度的关系：地势的高度增加，温度相应下降，植物开花也跟着延缓。其次他用筀竹笋的生期和稻有早熟晚熟，说明同一种植物，也有品种和发育期的不同。又用种在一块土地上同一种植物，发育也有早晚的事实，说明同一植物之间，也会形成物候参差不一。在谈到岭南小草经冬不凋，山西的乔木却秋天先自落叶，华南一带桃、李在冬天结实，而西北地区桃、李夏天才繁荣时，他指出由于地区性的差异，物候自有不同。最后他更指出在同一个地区，同一块土地上，栽种同一植物，也因"人力之不同"，物候也有差异。植物生长固受自然条件的影响，有着一定的周期，但是这种关系，是可用人工栽培技术加以改变的，如辛勤灌溉，注意施肥，提前播种等等，都可促使作物早熟。他用辩证的观点说明物候并非固定不变，这一点很值得我们注意。③

　　他还运用古今物候比较方法，来推断古今气候的异同。他的记载里面有一段说：

　　　　近年延州永宁关的大河，河岸崩塌'，在地下几十尺的泥土中，得到竹笋一林，共达几百茎之多，根干相连，都化为石。……延州向来没有竹树，这些在地下几十尺发现的竹，不知是哪个朝代的遗物。难道是远古时候，这里地低气湿宜于种竹的

---

① 竺可桢：《北宋沈括对于地理学之贡献与记述》，载《科学》第11卷第6期。
② 沈括：《梦溪笔谈》，卷24。
③ 同上，卷26。又参考高冰源：《我国古代对一些自然地理现象的认识》，载《地理知识》1954年7月号。

缘故？①

现代学者认定沈括所说的，是另外一种植物而不是真竹。就当时科学水平来说，要正确鉴定化石，事实还很困难；但沈括肯定它是绝了迹的古生物，这却是可信的。由物候现象来推论古代陕西气候温暖潮湿，尽管目前对这个结论有着不同的看法，但是这种研究方法，仍然被现代学者所采用，还是有其科学价值的。

---

① 沈括：《梦溪笔谈》，卷21。

动、植物和生理学

李约瑟分析《梦溪笔谈》内容时，曾注意到它的生物学记载，根据他的分类统计，有关生物科学和动、植物资料，全书中共有五十二条。加上《良方》一书中，这类记载也占大量篇幅，便说明沈括生物学知识的丰富。其中有一部分，两书所载内容有重复之处，又受当时科学水平的限制，间或含有错误成分。但绝大部分是沈括自己观察所得，包含有许多精确的见解，也留下了不少科学的记录。总的来说，他的成就至少有下列几个方面：

一、他记载了多种动、植物的分布情状，使我们了解大量古代自然地理知识，并进而了解各地经济资源概况，替今天社会主义建设，也提供了历史的线索。在动物方面，可举南海的车渠（蛤属）、潮州的鳄鱼、海州的虎头鲨、契丹北境的跳兔、河北白雁、北方少数民族地区的麈、麞、麇、鹿、骆驼等作证。植物方面，可举会稽竹、陕西枸杞、绥州和银州间的香蒿、华山和襄汉地区的细辛等作证。总之，他在讨论到动、植物这一课题时，都特别注意到地理特点的叙述。

二、他研究动、植物时，不停留在描写生长形态，指出地域分布及其特点上，同时还着重指出它的性能，对人类生活和生产实践上的意义。例如他谈到四川的鸬鹚时，记载了当地临水居住的劳动人民，家家畜养，用绳子套在颈上，放在水里捕鱼的生产情况。在谈到南海的车渠时，便提到大的一种背有渠垄，制器细如白玉。在谈到北方出产的麋鹿时，又提到它的角和茸的价值。有关步行虫（即"傍不肯"）制约蚼蛉（粘虫）的记述，对蚼蛉危害农作物的情况，和庆州农民利用步行虫防治的经验，都有所介绍。从《笔谈》中看到的，步行虫那样猛烈与蚜虫为敌，至今还是这样。① 其在植物方面，无论在《笔谈》或《良方》中，对每种药用植物的名称、产地、形状和功能，都有详细的描述。他如谈到芸草时，便说明它可以辟书蠹；谈到桐木、伽陀罗木，是在制琴的功能上被提及的。诸如此类，计算起来是很多的。

三、他对许多植物的名称、形态、功能等等，能够观察出它们的区别，在著作中提出有力的辩证，纠正了古书上的错误，成为后来学者的指南。有的直至清代，还被人们所广泛征引。例如论细辛、杜衡的区别，甘草的形状，薰陆、乳香、塌香为一物，青蒿、香蒿产地、颜色、气味，石龙芮有两种等，宋人寇宗奭《本草衍义》，都摘录了他的文字。论苦耽与酸浆本一物及其产地，赭魁的形状与功能，莽草的形状，芦、苇本为一物，枳实、枳壳的区别等等，都被清人吴其浚《植物名实图考》所征引或赞许。其中赭魁一条，明人李时珍《本草纲目》除全文照录外，还称赞他记录详明。② 有一条是人们所最熟悉的，就是他的蒲芦即蒲苇之说，从《尔雅》到《说文》，都用蜾蠃（昆虫的一种）来解释蒲芦，误植物为动物，汉唐释经家翕然风从，没有人怀疑这种说法，到沈括才起来纠正它的错误，所以朱熹特别征引来解释《中庸》，明人马元调认为是沈括的"杰然超世之识"③，这句话是有所本而发的。

沈括对生理学说的阐发，所论虽然不多，但根据《笔谈》《良方》记载的《论肺腑》一则，知道沈括在这方面也有精深的研究。古药方中说到服药，经常把人体的呼吸和消化器官混淆起来。在沈括生活着的时代，又流行着"人有水喉、食喉、气喉"的说法，甚至根据人体解剖绘画的《欧希范真五脏图》，也因观察不够仔细，根据流俗的传说而绘画错了。沈括这篇简短的论文，论证了两种说法的错误、他说：

水和食物一齐吞咽，怎么能够在嘴里分入两喉呢？人体不过只有咽（食道）和喉（气管）二种罢了。咽用来容纳饮食，喉用

---

① 沈括：《梦溪笔谈》，卷24。邹树文：《古书上的蚜虫及其为害情况与防治经验考》，载《昆虫知识》1956年第6期。
② 参考胡道静校注：《梦溪笔谈校正》，下册，页877。
③ 胡道静校注：《梦溪笔谈校正》，下册，页1093。

来通气。①

接着他又正确说明人体中这两个不同系统的构造，和两种器官的不同功能。另外又指出它们之间的关系，说明医家必须懂得生理学的重要性：

> 凡人身上的肌骨、五脏及肠胃，虽然各有分别，但是吃到肚子里去的东西，精英的气味都能够洞达，只有渣滓秽物是进入大、小二肠的。所以人们饮食和吃药，受到真气的蒸发，英精的气味和金石的精华，如细研的硫黄、朱砂、乳石之类，凡是能够飞走融结的，都随着真气达到肌骨，犹如天地的气，贯穿到金、石、土、木上面，没有半点留碍。其余的顽石草木，只不过是气味洞达罢了。及至它的气势已尽，渣滓秽物都传入大肠，湿润渗入小肠，这些都是废物不再能够变化，只有把它排泄掉就是。所谓某种东西入肝，某种入肾之类，不过是气味到那里罢了，物质又如何能到那里去呢？这是做医生的人不可不知道的。②

---

① 沈括：《梦溪笔谈》，卷26。《苏沈良方》，卷1。
② 同上。

沈括的医术和医理

有了上面的科学知识作基础，加上平时留心研究，家藏很多有效单方，沈括虽然不是个职业行医者，但却是个非常精通医术的人。沈括生活的时代，正是祖国医学迅速发展的时代，博学多才的沈括，自然也受到这个潮流的冲激。在《良方》一书中，他记载了不少自己的临床记录，曾经治愈过不少病人。他曾经用金液丹医治小儿吐痢，这几个孩子都已经气绝，服药后得庆生还。可见沈括的医术，确有起死回生的效验。说到他治病的经验，自然不止一次，例如同属小儿科的，他用黑神丸来治急惊风、慢惊风，即使是垂死的病儿，也可以药到病除。治妇产科也很有把握，四神散是治妇人气痛常用的药，白术散治孕妇伤寒也效验如神。此外他还懂得灸术，他在鄜延的时候，幕官张平患咳嗽气逆，几乎死了过去，他试用火灸法疗治，结果一灸便愈。①

沈括为《良方》所写的《序言》，事实上是一篇比较全面的诊疗理论。他在文中提出了"治病五难"说。所谓五难：

一是"辨疾之难"。他说今天讲求治病的人，只管诊视气口六脉，这是远远不够的。古人治病必先观察病人声音、颜色、举动、肤理、性情、嗜好等等，然后诊视他的人迎、气口、十二动脉。因为疾病由五脏发生，必然会显出五色相应，五声变化；五味有所偏，十二脉也有变动。考求得那么仔细，可见"辨疾之难"。

二是"治疾之难"。诊断之后，就要开方下药，这也不是简单的事情。今天治病的人，只不过写下一两味药和服食方法，交给病人，便算了事，这也是不行的。古人治病，必先知阴阳历运变故，山林川泽的荣枯，然后

---

① 《苏沈良方》，卷3、卷10、卷5。

又看病人的年纪、胖瘦、贵贱、居养、性术、好恶、忧喜、劳逸等等,按对象的实际情况,选择适宜单方。决定用药,或用火、刺、砭、汤、液等治疗法,然后调节病人衣服、饮食、居处,投机顺变。或者利用自然变化,如五运六气,冬寒夏暑,晴雨电雹,鬼灵厌蛊等等,相互调剂,相互克制。或者利用人事的因素,如根据体质的盛衰强弱,五脏的器官功能,循其相同,察其所偏,不以此例彼,不以偏盖全。治病的人,这样目不舍色,耳不舍生,手不释脉,还生怕会有差错;今人开下药方,撒手便跑,要想求得十全,这不是太难了吗?

三是"服药之难"。古时吃药也有研究,烹炼要有法度,饮啜也要得宜。药物的性质不同,有的可以久煎,有的不能久煎;有的宜用猛火,有的宜用温火,这就是烹炼的法度。至于吃药,也要斟酌具体情形,应该温饮、冷饮、急饮、慢饮;或者顺着饮食喜怒,与它互相为用;或是逆着饮食喜怒,与它互相对抗;也有一定的法度,这就叫饮啜得宜。加上煎药的泉水有好坏,煎药的人也有勤惰,如果病没有好,不能责怪药石无灵,因为这往往不是药石的罪过。

四是"处方之难"。药物单独使用,效能容效能容易知晓,两种以上复合,那就不简单了。近世处方,以为一种药不够,便加上其他的药。不知药物当中,有互相辅助的,有互相抵触的,也有相合而性质改易的。方书中虽载有使、佐、畏、恶等特性,但有许多前人没有谈到,或一般人没有想到。例如饮酒,有人饮得多而不醉,也有人沾上嘴唇便头昏眼花。药物对于病人也是一样,这是禀赋有不同的缘故。南方人吃猪、鱼过生活,北方人吃了会生病,这是习惯有不同的缘故。水银与硫黄相合变赤色,与矾石相合变白色。醋和橙味道都是酸的,合起来却是甘的。这样药物复合起来,引起性质改变招致其他疾病的,往往不易被人所知。又如乳石忌遇参尤,碰到的往往致人于死,但古人在五石散中,都用参尤,这正是处方的妙处,一般人对这个可能是不懂的。

五是"辨药之难"。医生处方得当,而药物品质不好,那也是没有办法的。药物的生长,随地理环境的差异,禀性常不同,正如:"橘过江而为枳,麦得湿而为蛾,鸡逾岭而黑,鹳逾岭而白,月亏而蚌蛤消,露下而蚊喙坠。"甚至如浙中农民种茶种稻,一沟一陇之隔,不过几步路,便色味迥然不同;何况药物的出产,远至"秦、越、燕、楚"等不同地域,加上土地的肥瘠，气候的干湿，又怎能使效力都各尽所宜呢？《素问》说："阳明在天则花实戕气，少阳在泉则金石失理。"这种道理是采药的人未必都知道的。这样采药有迟早，储藏也有焙、晾的分别，风雨燥湿常有槁暴。如今处理药物，有忌用火的，必经晒晾然后服食；但又安知采药藏药的人，不是经常将它烘焙过的呢？这正是"辨药之难"。

这个学说概括起来，可以看到他的主张有显著的几点：一、他认为医生必须端正医疗态度，负责到底。无论诊断和处方，都应当审慎从事，全面诊察，缜密考虑，不得潦草塞责。二、他认为没有一张万灵的药方，也没有呆板的治疗法。医治病人，必须体察具体对象，除了病人的体质、生活习惯，还需注意地区、季节等自然因素，投机顺变，绝不能"刻舟求剑"，固执一端。三、他认为医疗效果的取得，必须在医疗过程中得各方面的配合。不单只要有良医良方，还需要良药，适宜的烹调法、服食法。同时病人的饮食、穿着、起居，也要很好护理。沈括强调这些，都是合乎医学原理的。

在《序言》中沈括提到的"五运六气"，是宋代非常流行的医疗学说。这种学说指出气候的推移变化和它对人类健康的影响，原有其一定的价值，但是也有它的缺点。例如它只着重注意自然界对疾病的作用，忽略了人体适应机能对接受外界影响的决定意义。又如将五运（木、火、土、金、水）六气（风、寒、暑、湿、燥、火）结合干支推算，作为每年疾病流行的估计方法和治疗疾病的根据，容易使医家机械地守住这种术数，限制了预防疾病、治疗疾病的应有效果。沈括受当时医学界影响，也相信这种学说。他曾经说过：

> 医家有五运六气之术，大的如天地变化，寒暑、风雨、水旱、螟蝗，都有一定的法则；小的如人的各种疾病，也跟着气运的盛衰转移。[1]

但他却不是无条件相信的，他把这种理论向前发展了，并作了更为合理的解释。所以他又说：

---

[1] 沈括：《梦溪笔谈》，卷7。

今人不晓得运用，死守着一定的法则，所以这种医术就不灵验了。比如说厥阴用事，气就多风，人们主患湿泄，难道天下各处都多风，天下的人都患湿泄吗？至于同在一邑之间，又有晴雨的不同，那么气运又主在哪里呢？这样想不发生错误，是不可能的。大凡物理有常有变，运气所主的是常态，和所主不同的，都是变态。……跟随它的变化，而疾病和它相应，都是要看当时当地的气候，虽然相隔几里，但因气候不同，所应的也完全两样，怎可以死守一定的成法？①

这种常有变的主张，虽还不是根据病人的内在因素来说明它的影响，但是他反对死守一定的成法，在当时来讲，还是较为进步的。

沈括的医药著作，《良方》以外，还有《灵苑方》和《别次伤寒》，可惜都已失传了。

---

① 沈括：《梦溪笔谈》，卷7。

玖

沈括在人文科学方面的造诣

历史研究的宝藏

沈括不以史学名家，但也曾写有《春秋机括》《左氏记传》等历史著作，两书现在都已失传，只有残存的《乙卯入国奏请》《入国别录》，保存着宋辽交涉一段实录，是至今流传的历史著作。此外还有《梦溪笔谈》，内容多载当世掌故，也是一本历史资料的汇辑。沈括这部著作，虽不以历史为名，但却采取了严谨的史法。他主张要认真鉴别史料，一则说"天下地书，皆不可坚信"。再则说"小说所记，各得于一时见闻，本末不相知，率多舛误"[1]。他对司马迁是很推崇的，认为"凡《史记》次序说论，皆有所指，不徒为之"[2]。这样他的主张，前者说明选择史料的重要性，后者说明研究历史必须和实际联系，真是一时的卓见。同时沈括的著作，它的历史价值也就可知了。

《梦溪笔谈》的特点之一，就是它有丰富的科技知识，虽不是一本完整的系统历史，实际上却是我国的科学技术史总汇。此外关于李顺农民起义军的记载，可以从《太宗实录》张舜卿奏事的内容，得到证实。又如对于典章制度、财政经济政策、民族关系等部分，书里面都占了充分的篇幅。研究北宋历史的，固然在所必读，就是研究唐代历史的，也有参考的必要。典章制度的叙述，是《笔谈》内容重点之一。被编入"故事"一栏的，内容有官制、礼制、舆服、仪卫、文牍、掌故等等，包罗很广，多半追溯至唐代。所记录的材料，有许多可以根据正史或其他书籍证实：如驾头、扇筤等皇帝仪仗，都见于《宋史·仪卫志》[3]，章惇改行翰林学士见丞相礼节，则见于《宋史·职官志》和《续资治通鉴长编》[4]。诸如此类，

---

[1] 沈括：《梦溪笔谈》，卷4。
[2] 沈括：《补笔谈》，卷1。
[3] 《宋史》，卷148。
[4] 同上，卷162。李焘：《续资治通鉴长编》，卷258。

数目还多。换句话说，沈括因为参加过典礼、法令的编修工作，所记的制度都有结实的根据，可靠性是很大的。

也有一些材料，不见于别的记载，或即使见于他书而详略不同，可以互相补充，互相参证。如唐代宣召学士礼仪，是翰林院重大典故，《唐书·百官志》《唐会要》等书都没有很好注意，唯独沈括在《笔谈》一书里作了详细的叙述。幞头是宋人通常所穿戴，《宋史·舆服志》只记了它的演变、形式和制造原料①；沈括更说明幞头分五等，和穿戴者的不同身份。枢密院公文用"宣"和"头子"的起源，沈括和宋敏求都进行过研究，一载于《梦溪笔谈》，一载于《春明退朝录》②，两者可以互相参证，并对《宋史》可作补充。经略使是地方的大员，《宋史·职官志》着重记述沿革③，沈括却阐明了职权和统属关系；同条说他自任鄜延经略使，却是《宋史》本传中所不载。其余如三馆（昭文馆、史馆、集贤院）职事可称学士，被宋吴曾的《能改斋漫录》所征引④；宋代开始用长人做殿门文武官，被清俞樾的《茶香室三钞》所征引；宋代校书官不认真任事，被清编《历代职官表》所征引⑤。这些事实说明《笔谈》所记，确有许多值得珍贵的资料。

其中又有若干能够纠正史志谬误的。例如首条提到他所编著的《南郊式》，《宋史·艺文志》却说是王安石所著，是史志明显的错误⑥。《宋史·舆服志》记载，士人普遍穿着紫衫、凉衫，以及三省、枢密院改用银印，都是在南渡以后事，不知沈括著作《笔谈》时代，已自如此。⑦ 在硫酸铜溶液中取铜的技术，曾被宋人用在造币上，《宋史·食货志》将这件事系在1143年（绍兴十三年）后，似乎这种方法南宋时才开始；但是《笔谈》首先记载了烹胆矾成铜和熬胆矾的铁釜，日子长久也化成铜的事

---

① 《宋史》，卷153。
② 宋敏求：《春明退朝录》，卷下。
③ 《宋史》，卷167。
④ 吴曾：《能改斋漫录》，卷2。
⑤ 《历代职官表》，卷25。
⑥ 《宋史》，卷204："王安石《南郊式》一百十卷"。沈括《长兴集》，卷13，《进南郊式表》："臣某等言，伏奉敕命编修《南郊式》者，……"则《南郊式》为括奉敕所撰，所载卷数与《宋志》相同。括进《南郊式》在熙宁元年，时安石为翰林学士始至京师，无由领衔编撰，《宋志》当误。
⑦ 同上，卷153—154。沈括：《梦溪笔谈》，卷2、卷1。

实，知道北宋时便是这样。①

在财政经济史方面，因为沈括亲自参加了变法运动，又曾做过权三司使，从事管理财政工作，得见政府所藏档案图籍，所以留下可靠资料很多。在《笔谈》里，他评介了一些有名的理财措施，如刘晏的均输法、范祥的盐钞法、茶的三说法、本朝茶法等等，使我们能正确了解它的详细内容。同时，他又记录了北宋时一些财经数字，如盐课、茶利、铸钱额、岁运上供米、吏禄支出等等，提供了重要的经济史参考资料。又如所载秦、汉度量衡制，唐、五代的钱陌法等，同样地有很大参考价值。记载水利的发展，所占篇幅也特多。《万春圩田图记》叙述圩田历史，可以上溯到南唐以前。真州水闸的建筑，提高了淮南漕运率数倍。昆山至和塘和长堤的修建，改善了水利灌溉的状况，免去了人民跋涉的劳苦。② 这些重要史实，都是《宋史》所未载。此外沈括自己在三司所执行的政策，都详记在他的《自志》里面，成为历史家的主要根据。

《宋史》记载民族关系，偏重以汉族为主体，对于各族本身的发展多半语焉不详。沈括的著作虽还不能解决这个问题，但因他出使过辽朝，镇守过西北边疆，所见所闻既广，留下的记录也就增多。而且私人著作，取材和官书往往不同，能够补充正史缺略的很多，并很有可信的价值。我国历史上"回回"名称的由来，从现存的文献记载看来，以《梦溪笔谈》出现最早。这对我国维吾尔族历史的研究，提供了必要的线索。又他所记西夏史事，得之于自己亲见亲闻，其中有许多是《宋史·夏国传》所失载。例如关于元昊之死，沈括说是元昊的儿子宁令受，接受母亲的指使，入室向元昊行刺，因伤致死。③ 这事可用王称《东都事略》作印证，补充《宋史·夏国传》的缺略。不过宁令受《东都事略》作宁令哥，但据《宋史》宁令哥是谅祚小字，似乎应以沈说为是。至于发动这次宫廷阴谋的原因，沈括认为因元昊另纳新后，生子谅祚为元昊之所偏爱，似较王称说因元昊新后没嚟氏起先想纳为宁令妻，为更近情理。此外，《笔谈》有关谅祚后梁氏事迹，多半是《宋史》所未收。梁氏当权和沈括在陕西恰巧同时，其中围攻顺宁寨一条，更是他亲身的阅历，这部分的史料价值是很高的。

---

① 《宋史》，卷180。沈括：《梦溪笔谈》，卷25。
② 沈括：《梦溪笔谈》，卷12。范成大：《吴郡志》，卷19。
③ 同上，卷25。

有关宋、辽交涉的历史，沈括除对出使经过留有详细记录，提供这个历史事件以第一手材料外，对于澶渊之盟的经过也提出了新的补充，见于《笔谈》和《长兴集》中，可见沈括对它很重视。澶渊之盟是宋、辽关系史上的转折点，一般人只知道办理交涉的曹利用，不知道还有个名叫张皓的，在这次和议中起着重要的作用。张皓在澶州战役上，是立过大功的，可是因受利用所倾轧，以致功劳被埋没了。

> ……皇帝亲征，驻跸澶渊，王继忠从契丹上奏，盛称辽帝求和心意，奏书直达行在所。皇帝便遣曹利用送信给契丹，谋与他们讲和。利用行至大名，这时王钦若镇守那里，以为契丹正在得志，怀疑他们求和的真心，便留下利用不让他前往。恰巧遇到敌人围攻，利用出不得城，朝廷不知利用消息，又招募人继续前往。物色到殿前散直张皓，就令他在行在所觐见。张皓带着九岁的儿子见到皇帝，说道："臣如果得不到契丹消息回报，誓死不再回国来了，请求陛下就录用我的儿子罢！"皇帝赐他三百两银子，命他起程前往。张皓出了澶州，被契丹的巡逻骑兵掳去，张皓便对他们说出讲和的使命，被引领见到太后萧氏和辽帝。萧氏掀开车上帏帐，叫人在车辄上放一块木板，让张皓坐着谈话，给他一些酒食，热情地慰劳他。张皓回来的时候，打探到契丹想偷袭我们的北寨，便把这个阴谋向守将周文质、李继隆、秦翰等报告了，文质等便布置好兵力，严密地防范着。黎明时契丹兵果然来到，宋军上前迎战，射中大帅挞览，跌下马来阵亡，契丹兵于是完全溃败。皇帝再令张皓前往重申前约，并告诉契丹已派遣曹利用讲和。张皓入大名，告知王钦若，和利用一同前往，和议便得到成功。①

这是澶州之役的胜败关键，它使宋人能在较顺利的条件下订立和议，沈括所记和《续资治通鉴长编》根据《实录》② 过程大略相同；不过李焘所记非常简单，可以用沈括的私人资料来补充参证。

---

① 沈括：《补笔谈》，卷3。
② 李焘：《续资治通鉴长编》，卷58—59。

人文地理的记述

宋代商业交通迅速发展，人们眼界不断地扩大，地理知识日渐丰富，地理学开始进入繁荣时代。在当时地理学家中，沈括又是具有代表性的一个。他少年时随父上任，后来自己做官，旅行足迹遍达南北各地。他的地理记述，就是在旅程上观察研究的心得。例如他出使契丹，在路上考察山川形势，道路曲直，风俗人情，绘制成图，名为《使契丹图钞》。像这一类地图，不单告诉人们以地理知识，还有很大的实用意义。他有时还为了研究而专门进行勘察，熙宁中特地派员在淮南地区，按图探索了沟通江淮的古水道，结果水道被他找着了。[①] 这类实地观测，又被他用模型把它记录起来。所以地理模型的制造，又是沈括对祖国古代地理学的伟大贡献。沈括所制的模型，共有三种：一种是面糊木屑的，一种是胶泥熔蜡的，一种是木刻的。最后一种是永久性的，后来宋神宗将这个方法推广到沿边各州。这样他把南朝谢庄的方丈木质地形图，向前发展了一步。在欧洲要到18世纪，才在瑞士制造出最早的地形模型，比沈括要迟好几百年，而且规模还小得多。[②]

有关《天下州县图》的绘制，和自然地理方面的地质、地形、气象、生物等成就，已分别见于本书前章。现在我要介绍的，是他的人文地理记述。沈括对人文地理的贡献也很大，所提供的资料很丰富。首先在经济地理方面，他用了很多篇幅记录各种资源和出产地，上文说到过的动、植物，以及茶、盐、石油等等，都可作为代表。有比较全面叙述的，如盐产种类，分为末盐、颗盐、井盐、崖盐四种：末盐出产于沿海，行销于河

---

① 《宋史》，卷331，《沈括传》。沈括：《梦溪笔谈》，卷24。
② 王庸：《从裴秀地图制作谈中国地图的源流》。载《地理知识》1954年7月号。

北、京东、淮南、两浙、江东、江西、湖南、湖北、福建、广东、广西等十一路。颗盐出产在今天的山西,即解州盐池和晋(临汾)绛(新绛)、潞(长治市)、泽(晋城)等州,行销于京畿、南京、京西、陕西、河东、褒剑等处。井盐出产在四川盐井,行销限于四川。崖盐出产在土崖之间,行销于阶(今甘肃武都)、成(徽成①)、凤(陕西凤县)等州。这条记载,是我国盐产区和销售区的扼要叙述。②

全国和局部地区的运输交通,也是沈括颇感兴趣的问题。他一再谈到盐、粮等搬运情况,谈到河渠、水闸对漕运的作用,谈到当时的驿传制度,也谈到边区的交通运输。其中如出古北口通契丹道路,他根据自己的经历写道:

澶州东北五十里,有金沟馆,自馆少东北行,乍原乍隰,三十余里至中顿,过顿屈折北行峡中,济滦水,道三十余里,钩折投山隙以度,所谓古北口也。③

陕北无定河流域的沙漠交通很艰苦,人马践踏时远近地面浮动,甚至几百人一时没入沙中,他也作了描绘。④

文集里面的记事文,提到当时财富之区的东南城市,往往用简洁的文笔,从地理观点加以概括。如在论及扬州时,就从它背后地面的广阔,交通中心位置来说明它的重要性,认为它所控制地区,自淮南以西、大江以东、南至五岭、西抵蜀汉;当南北水陆交通枢纽,舟车经过这里入京师的,占全国十分之七。⑤ 真州(江苏仪征)地理上是长江、运河的交叉点,自从建筑水闸后,水道交通大为改善。这里的堆栈和船只,都比较集中,当地人口多以航运做买卖为业。⑥ 论及杭州时,说明它是东南的大都会,地广民众,人物的富盛,为全国第一⑦。论及泉州时,说明了它的滨海位

---

① 甘肃徽成,现已撤销,其他属今甘肃省徽县、成县、两当县。——编者注
② 沈括:《梦溪笔谈》,卷11。
③ 顾祖禹:《读史方舆纪要》,卷11。
④ 沈括:《梦溪笔谈》,卷3。
⑤ 沈括:《长兴集》,卷23,《扬州重修平山堂记》。
⑥ 同上,卷25,《开封府推官金部员外郎刘君墓志铭》。
⑦ 同上,卷24《杭州新作州学记》。

置是当时商船航行起点,聚集的珍怪异物很多。其余对楚州(江苏淮安)、江州(江西九江市)等地,也都有所论述。这些地方,又都是沈括亲身经历过的。从他的记述里,可以知道东南地区的城市,比较过去有了不少发展。

其次,宋人对沿革地理的研究,比较前人远远重视,因此获得许多显著成绩。当时不但著述的风气渐趋普遍,而且著作体裁已不限于为经传作注脚,或只容纳在地理专著中。许多笔记杂录,也选择这类题材,作为重要研究项目。这一点在《梦溪笔谈》里也比较突出。沈括有所论述辨证,也常是很精辟的,他的考据和学说,为后来学者引用的很多。如北岳恒山即宋时大茂山,山脊是宋、辽分界;抚宁县有新旧二城,李继隆迁至滴水崖的,即后之啰兀城;和上述无定河活沙、古北口隘道等条。顾祖禹《读史方舆纪要》都加以引用,作为立说的根据。其实沈括对当时共同讨论的问题,多提出过自己的意见。例如《禹贡》所说的"三江"、古云梦泽、楚国郢都、章华台、漳洛二水命名、黑水等问题,当时学者都很注意,而沈括也有他的看法。

"三江"的问题,是沿革地理学上聚讼纷纭的问题。沈括以前,研究这个问题的,提出过很多说法,个个争论不休。他同时的王安石、苏轼,也都各持一说。沈括却说:

> 孔安国说:"自彭蠡江分为三,入于震泽后,为北江而入于海。"……《禹贡》说:"彭蠡既潴,阳鸟攸居,三江既入,震泽底定。"从对文看来,彭蠡是水流汇潴的地方,三江是水流注入地方,那么不是什么三江之水,流入震泽,这就很明显了。震泽的上源,都被山岭环绕着,没有什么大江;要到震泽的尾闾,才分布着很多大江,也不知道那几条叫三江。因为三江的水没有去路,便使震泽壅塞,产生祸害;三江的水有了去路,然后震泽才能平定,这是水流的原理。①

这个结论,和众说显然不同。一般论及三江的,大体上根据了一个"三"

---

① 沈括:《梦溪笔谈》,卷4。

字，和《禹贡》所说的"北江""中江"来立论，拼凑成北、中、南三条江的名字，没有什么确凿的根据。沈括却不是那样，他把《禹贡》的上下文对照，从语法上阐明原句文义，批判了孔安国三江共入震泽的说法。就是对其他诸家的说法，也采取否定的态度，认为三江不一定确有所指，这和今天学者们认为"三"字是古时的多数义，"三江"是江、湖分歧的意思，颇有近似之处。沈括首先对"三江"提出怀疑，对后人有很大启发，真是卓有见地之论。

说到云梦泽，在古文献上有时单称，有时连称，究竟是一湖异名，抑或两湖的合称，讨论这个课题的也很多，各执一词，不容易解决。沈括用古本《尚书》和《左传》作证，参加自己的见闻，提出"江南为梦，江北为云"的主张①，后来郑樵、洪迈、祝穆等学者，都根据这个主张来立论。虽然这种说法没有成为众所公认的结论，但是经过沈括提出，便有力地支持了云、梦实为两湖之说，此后直至清代，仍卓然成为一家之言，一直没有衰竭。在研究这个问题时，沈括不满足于文献材料的记载，亲自进行过实地调查。当他从随州路过安陆（今湖北安陆）的时候，就留意踏勘了云梦泽的遗址，企图从公安、玉沙（沔阳②东南）等县地形，来解决这个问题。这就在研究方法上，给我们指示一个正确方向。研究历史地理必须结合田野工作，沈括已经开创了先例。

---

① 沈括：《梦溪笔谈》，卷4。
② 湖北沔阳，现为湖北省仙桃市。——编者注

乐理、乐曲的研究

沈括对音乐方面，也有深湛的研究。他著作的几种专书——《乐论》《乐器图》《三乐谱》《乐律》等，都见于《宋史·艺文志》著录，也都已经失传了。他自述著作《乐论》缘起时，曾经说到他精通古乐，"其声音之所出，法度之所施，与夫先圣人作乐之意，粗皆领略"①。他著述乐书目的，主要是把它视为关系国家兴亡的教化来研究的。现存《笔谈》一书中的"乐律"两卷，至今仍然是我国音乐书的重要文献，对研究古代音乐，关系很大。燕乐在唐、宋乐中，占着重要地位。关于燕乐起源和它的宫调种类，沈括都很有研究。他所列的燕乐二十八调，是研究这个问题的重要资料。近人曾将它和《唐书·礼乐志》《宋史·乐志》所载蔡元定《燕乐》乐制、张炎《词源》所列八十四调，作了一番比较研究，依照《词源》次序配列，看到沈括的二十八调次序，只有宫调七种，与《唐书》《宋史》《词源》相同，其余便不符合。但沈括所配字谱却和张炎的完全相同，因此若照字谱次序排列，则沈、张两人二十八调次序，又完全一致。②

这样的研究，可以追寻两宋之间乐调演变的轨迹。这里所说的字谱，就是工尺谱。我国书籍谈到工尺谱的，照目前所知，以沈括的《梦溪笔谈》为最早。《笔谈》有一段说：

现在的燕乐只有十五声，因为今乐高于古乐二律以下，所以没有正黄钟声，只是以"合"字当大吕，还稍高了一些，应当在大吕、太蔟之间就对了。下"四"字近太蔟，高"四"字近夹

---

① 沈括：《长兴集》，卷19，《上欧阳参政书》。
② 王光祈：《中国音乐史》，上册，页128—136。

钟，下"一"字近姑洗，高"一"字近中吕，"上"字近蕤宾，"勾"字近林钟，"尺"字近夷则，"工"字近南吕，高"工"字近无射，"六"字近应钟，下"凡"字是黄钟清，高"凡"字是大吕清，下"五"字是太簇清，高"五"字是夹钟清。①

这里沈括将"勾上尺工凡"等字谱，和各字相当的律配列，成为北宋蔡元定、南宋姜夔、张炎记载字谱的先驱。《笔谈》又提到"知声者皆能言之"的话，似乎字谱当时早已流行，所以沈括把它简单地记下来。②

关于各调的结声（乐谱中尾章所用的音）问题，沈括也留下有价值的记载，即《笔谈》所说的"杀声"。他说杀声有元杀、偏杀、侧杀、寄杀等类，为什么会有这些分别呢？这是因为一般的法则，结声是应当归回本律的，但事实却不尽然，往往又出现许多例外，因此构成了几种不同的类型：元杀可能是指宫调结声，采用本均（韵）宫音的律，在各种结声中居于主要地位。其余三种，或者不用本调基音的律结声，而用本均宫音的律，即所谓偏杀、侧杀；或者不用本调基音的律结声，而用本均徵音的律，事实上等于将"他均宫音之律"寄在本均，所以称它为寄杀。③

宋代的大曲，较之唐代呈显著进步，沈括对它也有所论。他说：

所谓大遍者，有序、引、歌、䚠、催、哨、催、攧、衮、破、行、中腔、踏歌之类，凡数十解，每解有数叠者。裁截用之，则谓之摘遍。④

这段记载，也是研究宋代大曲的重要文献，讨论大曲的人必定征引它。近代学者虽因他所列各遍名称，与现存大曲不合，怀疑其中或有错误，但是它至少说明两个问题：一是北宋所谓大曲，也和以前一样，是遍数多的一种名称；二是宋人采用这种曲，往往将它裁截而不是同时采用各遍。⑤ 正

---

① 沈括：《梦溪笔谈》，卷6。
② 王光祈：《中国音乐史》，下册，页7—8。
③ 同上，上册，页168—169。
④ 沈括：《梦溪笔谈》，卷5。
⑤ 王国维：《唐宋大曲考》，载《王国维戏曲论文集》，页152。

因这一缘故，宋时歌唱大曲，常常不是它的原来面目。例如《柘枝》本唐代大曲，流传至宋真宗时代，歌唱时还有数十遍，到沈括在陕西时期，已经剩下十无二三了。[①]

他如沈括谈到燕乐的其他问题，有关太宗时琴待诏朱文济的纪事，唐代《羯鼓曲》流传的《大合蝉》《滴滴泉》的遗音，都是我国音乐史上的珍贵材料。他在鄜延时，曾亲自谱制《凯歌》几十曲，教令士兵们歌唱，来鼓励士气。读了《笔谈》乐律部分，的确看到了唐、宋时期的乐制。

---

① 沈括：《梦溪笔谈》，卷5。

美术鉴赏与批评

美术也是沈括极感兴趣的部门，在他家里面，收藏古今书画家作品，数目很多，因此他的见识很广博，鉴赏能力也很强。他在《笔谈》一书里，写下不少书画的批评，对他所看到的主要家数，都作了扼要的评介，而且比较中肯，可供后人参考。不过内中谈及书法的，所占内容不多，远不如他的画论来得丰富精彩。

书法方面，他对王羲之写的《乐毅论》，备极赞许，认为笔画清劲，是小楷字的绝品。另外谈到宋初徐铉的小篆，很赏识他的用笔之法，认为他的笔锋直下不倒侧，所以能够锋常在笔画中。晚年用"飌區法"作书，非老笔不能成。这个批评，南宋的王明清、朱熹曾谈到。[①]

绘画方面，沈括谈得很多。对唐、五代画家王维、徐熙、黄筌、高益、董源、巨然等，《笔谈》都作出很高的评价。花鸟画中的徐、黄二体，他曾不厌其详地细加分析。徐熙画法注意表现对象的精神特质，他用质朴简炼的手法，创立了水墨淡彩的风格。沈括说他"以墨笔画之，殊草草，略施丹粉而已，神气迥出，别有生动之意"。这对徐体的特长，真是一语道着。黄筌注意在真实地反映生活，多用淡墨细钩，然后用重彩渲染的双钩填彩画法。沈括说他"妙在赋色，用笔极新细，殆不见墨迹，但以轻色染成，谓之写生"[②]。这种画法，代表了画院的风格。徐、黄各竞所长，造成二大流派。两人传世的作品现已不多，沈括距离宋初不远，能亲眼看到二人画迹，对他们有较多了解，这样他所作出的评价，对我们就有很大参考价值。

[①] 胡道静校注：《梦溪笔谈校正》，上册，页554。
[②] 沈括：《梦溪笔谈》，卷17。

著名的《图画歌》一首，在平日鉴赏水平上，对古今著名画家画法，比较全面地给予品评，是一篇画法的总评，也是我国绘画学的诗史：

  画中最妙言山水，摩诘峰峦两面起。李成笔夺造化功，荆浩开图论千里。范宽石澜烟树深，枯木关同极难比。江南董源僧巨然，淡墨轻岚为一体。宋迪长于"远"与"平"，王端善作《寒江行》。克明已往道宁逝，淳照遂得新来名。花竹翎毛不同等，独出徐熙入神境。赵昌设色古无如，王友刘常亦堪并。黄筌居寀及谭宏，沤鹭春葩蜀中景。艾宣孔雀世绝伦，羊仲甫鸡皆妙品。惟有长沙易元吉，岂止獐鹿人不及？雕鹰飞动羡张泾，番马胡瓌屹然立。濠梁崔白及崔悫，群虎屏风供御幄。海州徐易鱼水科，鳞鬣如生颇难学。金陵佛像王齐翰，顾德谦名皆雅玩。老曹菩萨各精神，道子李刘俱伟观。星辰独尚孙知微，卢氏楞伽亦为伴。勾龙爽笔势飘飘，锦里三人共辉焕。撚川女子分十眉，宫样西缣周昉肥。尧民击壤鼓腹笑，滕王蛱蝶相交飞。居宁草虫名浙右，孤松韦偃称世稀。韩幹能为大宛马，包鼎虎有惊人威。将军曹霸善图写，玉花骢马今传之；驭人相扶似偶语，老杜咏入《丹青》诗。少保薛稷偏工鹳，杂品皆奇惟石恪。戴嵩韩滉能画牛，小景惠崇烟漠漠。唐僧传古精画龙，毫端想与精神通，拿珠奋身奔海窟，鬣如飞火腾虚空。忠恕楼台真有功，山头突出华清宫。用及象坤能画鬼，角嘴铁面头蓬松。侯翼曾为《五侯图》，海山聚出风云乌，尔朱先生著儒服，吕翁碧眼长髭须。恺之《维摩》失旧迹，但见累世令人摹。探微真迹存一本，甘露板壁狻猊枯。操蛇恶鬼衔火兽，凿名道子传姓吴。僧繇殿龙点双目，即时便有雷霆驱。仙翁葛老渡溪岭，萧洒数幅名《移居》。辋川弄水并捕鱼，长汀乱苇寒疏疏。予家所有将盈车，高下百品难俱书，相传好古雅君子，睹诗观画言无虚。①

沈括对书画理论也有许多精辟的见解。他认为书画的最高法财，在于

---

① 沈括：《长兴集》，卷1。

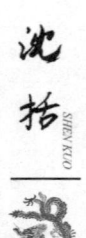

气韵而不在于形似,所以他说:"书画的妙处,应当讲究神会,难以从形器上追求。"① 吴道子画佛光,举手一挥,便圆中运规,世人都以为这是了不起的事,其实这是一般画家的技巧,没有什么值得惊奇。他评论董源、巨然的山水画,用笔草草,近看几乎不类物象,但在远观却是景物粲然。这就是不在形式上追求近似,深得物象精神特质的实例。他又拿马不画毛是以大缩小,山水画布局有如人观假山,来说明透视学的原理,形象化而贴切地说明了国画的特点。他说:

> 大凡画马,大的不过一尺,这是把大的画成为小,所以毛细而不可画;画老鼠因和原来大小差不多,自然应当画毛。但画牛、虎也是以大为小,按理也不应当见毛,但牛、虎的毛深,马的毛浅,道理上必须有区别。所以名家画小牛、小虎,虽然画毛,但只略为拂拭便了。……大凡山水的画法,都是以大观小,好像人看假山一般。如果把它当作真山,从下向上仰望,只应见到一重山,怎能重重都见到?而且不应当看到溪谷里的事物。就在房舍里面,也不应当看到中庭和后巷的事物。如果人站在东面,这样山的西面应当是远景;人站在西面,山的东面便应是远景。照这样的话又怎么成一幅画呢?②

他讲求透视学,主要因为它是绘画基本原理之一。画家仔细观察对象,反映事物得其真实,掌握透视法,都是起码的条件,不容有所忽视。同样地书法高手在于传神,但是必先从书写基本法则入手,然后才能卓然成家。他引用他侄儿著名书法家沈辽的话说:"书法的神韵,虽然得之于内心,但法度是必须讲求的。"③ 所以有人说,书写不必有法,各自成为一家,这是一种偏见。但如"尽得师法,律度备全",也不能进入妙境,必须"过此一路","然后入神"④。这些主张,不是一种泛泛之谈,而是一个美术修养很高的人所发出的一番议论。

---

① 沈括:《梦溪笔谈》,卷17。
② 同上。
③ 同上。
④ 沈括:《补笔谈》,卷2。

此外，沈括在文学方面也有相当的成就。在韵文方面，他的诗词虽传世不多，但却有一部分作品反映了当时的民族矛盾，表现出作者的爱国主义精神。在散文方面，他的著作《梦溪笔谈》本身，就是一部题材广泛、带有一定现实意义的作品。其他如《长兴集》中所收的书启、杂记、墓志铭、序文等，也都是有价值的文学作品。

拾

值得学习的艰苦踏实作风

艰苦踏实的治学精神

沈括的学术成就，固然拿劳动人民辛勤劳动的成就作基础；但和他研究学问的态度方法，也是分不开的。他在研究的过程中，经过实践锻炼，便摸索到科学研究的一些规律。正确地运用这些规律，来指导自己的研究工作，就是促使他成功的原因。首先，沈括很重视劳动人民的生产实践，尊崇他们伟大的发明创造。在他的著作中，他着重地描画了劳动人民在生产战线上的光辉业绩。许多劳动人民的智慧结晶，依靠沈括的详细记录，才能把事迹保存下来。例如发明活字印刷的毕昇，不过是个普通的平民，《笔谈》所记载有关印刷术的情况，是今天我们在这方面仅能得到的资料。11世纪中叶，我们祖先已经发明用磁针指南，还创造出多种装置的形式，这也是沈括最先给写下了记录。有关木工喻皓、水工高超、老锻工毕升的事迹，都反映出这个时代生产技术水平和他们的聪明智慧。因为他思想上有了这个认识，这便促使他认真去总结劳动人民的生产经验，进而概括成为科学原理。著名的十二气历日的发明，正是基于农民春耕、夏种、秋收、冬藏的生产需要提出的。然而这还不过是典型的例子罢了。

沈括的治学，有着好学不倦、踏实钻研的刻苦精神，这是他能够多方面有所成就的一个重大原因。沈括一生的学问，全凭刻苦自学得来。他的著作涉及方面很广，说明他平日博览群书，真是无所不读。就以他的天文学知识说，只是在兼任司天监官职前，担任昭文馆编校时，才开始学习。因为馆职比较清闲，兼且不放过余暇的时间，抓紧来做研究工作，在短促期间内，竟能有这么大的成就。他又有不少的著作，是经过长年累月研究的成果。《笔谈》可说是他毕生努力的总结，《熙宁晷漏》是经过十多年的观测，根据所得结果写成。《天下州县图》也是经过十二年时间，随身携带陆续修成的精心之作。

沈括对待科学的态度，是严肃、忠实而谦逊的。以往研究沿革地理的人，对《禹贡》"三江"的说法提出过许多解释，但都没有充足证据，大体上是望文生义，出于穿凿附会居多，唯有沈括不肯附和这些见解，不随便主观臆断，就抱着保留的态度说："震泽之委乃多大川，亦莫知孰为三江者。"[1] 这种见解，和今人研究的结论相似，表现出他的实事求是精神。他在《笔谈》里面，凡是谈到别人的主张，都给以应有的尊重。连一个小小的县主簿，笔底下都没有漏掉他的名字。《奉元历》本在沈括主持之下修成的，这个历法修成之后，由沈括作了一篇序言。但《笔谈》讲到《奉元历》时，他只提到卫朴，从来没有提到自己。可见他的治学，是反对自我夸大、华而不实的虚浮习气的。

还有一点令人注意的是，他研究学问的方法并不专靠书本，而很注重实地调查。例如对于修订历法，他反对单凭演算，主张要用实测来作验证。对于医术和药方，"公凡所至之处，莫不询究，或医师，或里巷，或小人，以至士大夫之家，山林隐者，无不求访"[2]。他生平旅行各地，足迹遍布南北，每到一处，便留心研究问题，随时随地观察，记录材料，观风问俗，探寻真理。一次被派到河北公干，他注意考察太行山地形，看到有许多贝壳和砾石，便正确推断了河北平原的成因是河流冲积之所致。一次自契丹出使归来，便根据沿途观察所得，按照山川地形，绘制成为《图钞》。后来贬官到湖北，东移时顺路调查了安陆到汉口和大江南北地形，以研究古云梦泽遗址。同时还访问了当地的官吏——景陵县主簿郭思，这才作出自己的结论。

观察能力是一个科学家必备的条件，沈括在这方面的表现是敏锐的，有着很丰富的经验。他观察事物时，常常周密而精细。有关开封相国寺一幅壁画的评价，最能说明这个问题。这幅壁画，是以一队乐工演奏为题材。一般人批评它的缺点是，一个弹琵琶的乐工，当其他乐工在吹奏"四"字音时，他的指头不是拨动琵琶"四"字所在的上弦，而是掩盖着下弦，认为画家不懂得乐理，才产生这样的错误。但据沈括的观察不是那样，他认为画家不但没有错误，相反恰恰是他构思精细的地方。理由是管

---

[1] 沈括：《梦溪笔谈》，卷4。
[2] 林灵素：《苏沈内翰良方序》。

乐的发音，可以看指头部位；琵琶是一种弦乐，必须在拨弄之后，才能发出声音；因此手指拨掩下弦，正表明声音是从上弦发出。这个判断，异常精审。又当他研究极星位置时，用了三个多月时间，进行连续观测。每夜观测三次，每次绘画成图，总共绘图二百多张，这才得出极星离北极三度多的结论。这又可见他的严肃认真了。

沈括的科技发明和学术创见很多，他的著作为历代各门学科专家经常引用。这固然因为他有敏锐的观察能力，能够刻苦钻研；但也和他对事物的敢想敢说敢做精神，有密切关系。沈括对待各种问题，最先总是采取存疑的态度，不肯随便盲从。他曾认为古今讨论漏壶的几十家，没有不是粗疏谬误的。[①]并且一再认为地志、小说等类书籍，往往得自一时见闻，错误很多，不可随便深信。为了制造浑仪，他列举古今错误天文学说十三点，逐条加以驳斥，并且根据自己的结论，对旧仪作了大胆的改革。也就是取消不能正确显示月球公转轨迹的月道环，放大窥管口径使它能经常看到极星等等。在制造漏壶时，把原来安装在壶上面的曲筒管子，改装在壶体下部，曲筒改为直颈玉嘴，这也是一项重大革新。经过这个改革，能使水流舒畅，管子坚固耐久。这种办法，直到清朝还在采用。

对新鲜事物的热爱，在他一生活动中表现得很突出。历算家卫朴是个新进的人才，从来不曾做官，沈括知道他很有才干，极力推荐入司天监修历。后来卫朴被人攻击，沈括便挺身而出，保卫他和他所修的新历。沈括在司天监时，还培养了一批新人，用来代替那批庸碌无能的历官。因此他在政治上，便不断受那些保守势力的反对。因参加变法运动所遭毁谤，固不用说了；就是他未举进士时，在宁国县令任上，参加万春圩修治工程，以至日后主持改革历法，创造新天文仪等等，无一不是经过剧烈斗争，这才得以完成的。所以在他的一生中，充满着不避艰苦、勇敢斗争的精神。正是这种精神支持着，使他敢于提倡新说，反对墨守绳规，无论在政治和学术上，都发挥了巨大的创造力量。

此外更应当指出，沈括治学还有一个明显特点，就是他的学以致用方针。沈括虽没有明白说过，但从他的著作看来，他对一些问题的研究，都是抱着实践目的。他生长在一个矛盾复杂错综的时代，当前有许多问题亟

---

① 沈括：《梦溪笔谈》，卷7。

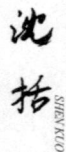

待于解决。沈括既然参加了实际斗争，所以在他的研究工作中，不能没有反映。事实表明正是那样，除了参加政治活动外，科学就成为他手里面的利器。他研究兵法，讲究粮运，讨论封建国家的财政经济政策，目的在于富国强兵。同样地他研究边防地理，重视民族历史、民族关系，也是因为他参预了对辽交涉和对夏的战争，看到民族矛盾的危机。他研究药物，搜集和辑录药方，更是为了治病救人。他曾亲用这些单方，治愈了不少病人。可见沈括治学目的，十分注重它的实践价值。

沈括成就的局限

无论在政治上和学术上，沈括是有很大成就的。这些成就，又都是当时劳动人民生产和阶级斗争的结晶。但是他的才学，在北宋那样一个时代，是不可能得到充分发挥的。例如他领衔纂修的《奉元历》，就因为他的主张不能完全贯彻，精密的程度受到很大影响，终于行用了十九年，便遭到宋廷的摈弃。经过他精心改革的天文仪器，原已取得巨大的成就，但等到他离开中央政府，也同样遭到排斥。其实政治上又何尝不是如此？他是那样地衷心拥护变法，结果却处处招来非议。司天监经他大力整顿，工作已有显著改进，但因保守力量还很强固，不久之后又故态复萌。对辽交涉的不屈不挠，经过一番激烈斗争，迫使辽帝放弃黄嵬山分水岭的要求，胜利得来真不容易，又因神宗的妥协政策和继任交涉人员的昏庸，最后还是失地七百里，竟至于前功尽弃。凡此种种，无一不是说明这个问题的很好例证。

旧时封建史学家，对于这位历史上罕有的人物，不是像我们今天对他那样看法的。他们对沈括的学术成就，无法将它一笔抹杀，就在政治上对他肆行污蔑。包括王称、李焘等人在内，一些有关这位卓越人物的记载，都包含了作者个人偏见的成分。读了这些记载，使人获得这样的印象，似乎沈括在学术上虽有贡献，但在政治上却是一个阿谀谄媚、反复无常的投机政客。有人说他察访两浙时，曾骗取过苏轼的诗而加以陷害；有人说他任三司使时因讨好王安石而赞成解盐官卖；有人说他改革陕西盐钞法是"新进之人轻议更法"；有人说他在王安石罢政后以更改役法奔走于新贵之门；有人说历法、地界、役法是他误朝三大罪行；也有人说他在鄜延依附徐禧而压抑种谔；甚至把永乐城战役失败的责任，一股脑儿都推到沈括头上。这些说法都是有欠公允的。诸如此类的谣言，是经不起事实剖驳的，和历史真相也是不符合的。问题的核心，在于沈括是新党骨干，变法运动的中坚，而且毕生行事，又一贯对丑恶事物展开不遗余力的斗争。在"变法有罪"的社会舆论下，自然要受到无理的污蔑了。

这里我们并不是说，沈括的成就已经十分完善，治学方法也达到美备无伦。相反地沈括因受到历史条件和阶级条件的局限，不可能具有真正的科学世界观和思想方法，因而他的思想意识以及科学研究的成果，就不可能全部正确地反映客观规律。他的思想基本是唯物的，但还保留着不少唯心主义的成分。他曾经反对"万事前定"的说法，认为"事非前定"，所谓"人有前知"，也认为不是真正的前知。① 这是他思想中进步的一面。但另一方面，在《笔谈》一书里，他又大谈其神奇怪异、因果报应等之类的谬说。有许多地方，却明显地说出"事有前定"。例如说张谔用中允作亭名，后来便死于太子中允官职，"岂非前定"？② 说曹翰屠江州刚一日，宋廷赦令因路遇大风迟到，江州人民的枉死，"得非有命欤"？③ 又说王方贽减免了两浙人民许多杂税，后来子孙多官至显达，这是他"惠民之报"。④ 至于所谓三司房舍不吉利，做官的人多半因事得罪，那又是当时流行的风水迷信。⑤ 上面这些，沈括又竟信而不疑。可见在他思想里面，也还有许多迷信落后的东西存在着

有的学说，因受当日科学水平的限制，没有得出正确的结论。例如他对天体的看法，还没有打破以地球作为中心的说法。在讨论到历法、医学、化学、音乐的时候，也还没有脱离阴阳、五行等传统解释。他说日、月都是气体，有形而无质，所以相遇时不相妨碍。又说济水伏流地中，凡是它经过的地方，造成地面下的流水。又说俗传虹能入溪涧饮水，是可信的事实。这些说法，都不符合近代科学原理。⑥

王楙《野客丛书》曾经纠正了《笔谈》艺文一目中所说，"饴"字不应作饮食解，"舜"字不应作"夫"字音押韵等条。⑦ 吴曾《能改斋漫录》

---

① 沈括：《梦溪笔谈》，卷20。
② 同上，卷9。
③ 同上，卷25。
④ 同上，卷20。
⑤ 同上，卷21。
⑥ 同上，卷7、卷3、卷21。
⑦ 王楙《野客丛书》，卷8。

曾纠正了《笔谈》乐律一目中所说，《黄帝炎》一曲是近年和交趾作战才获得，唐时《突厥盐》《阿鹊盐》始以"盐"字作曲名等条。① 吴其浚《植物名实图考》，也纠正了《笔谈》药议一目中所说，南烛即南天竹，紫荆没有子圆如珠等条。② 沈括的著作涉及的面很广，存在一些错误，也是很难避免的。总的来说，这些缺点和错误都不足掩盖沈括著作的价值，也丝毫没有动摇他的学术地位的可能。当然，其中的一些封建性糟粕，我们应当给予批判和否定，这也是没有疑问的。

　　生在距今九百年的沈括，通过刻苦自学，使自己成为一个多方面发展的科学家，这并不是一件简单的事情。他的卓越成就，固然是北宋封建经济高度发展的反映，但和沈括主观努力也是分不开的。他朝着多方面发展的道路，顽强艰苦的钻研精神，勇于斗争、不怕困难和实事求是、学以致用的态度，不但在当时具有进步意义，而且对我们祖国今天的社会主义建设，仍然具有深刻的教育意义。从一个一穷二白的国家，建设成为一个现代化的社会主义强国，是一个极为艰巨而伟大的事业。这就需要依靠我们自己刻苦努力，把科学技术堡垒一个一个地攻下来。在科学技术上要有成果，有造诣，并不是容易的。我们必须不怕困难，闻胜不骄，闻败不馁，专心致志，踏踏实实，不务浮夸，不图侥幸，付出毕生精力，来攀登学术高峰。科学技术工作者，必须这样才能完成摆在面前的战斗任务。因此古代杰出的科学家沈括，他的艰苦踏实的作风，仍不失为我们一个良好的典范，值得我们向他学习。

第十章　值得学习的艰苦踏实作风

---

① 　吴曾：《能改斋漫录》，卷5。
② 　吴其浚：《植物名实图考》，卷35。

附录：沈括事迹年表

年份	年龄	重要事迹	学术活动
天圣九年 （1031年）	1	沈括生。[1] 括字存中，杭州钱塘人。[2] 父沈周，卒官太常少卿、分司南京。[3] 母许氏，苏州吴县人[4]。	
康定元年 （1040年）	10	父知泉州，括随侍，居福建。[5] 他的幼年，主要随父上任做官，在沈周知简州平泉县时，也曾随居在蜀。[6] 这时沈括在家学习，母许氏精通文理，由她亲自教育。[7]	阅读《李顺案款》，得知起义经过。[8]
庆历二年 （1042年）	12	开始延师受业。[9]	
庆历三年 （1043年）	13	父入为开封判官，括随同自泉州进京，道经南安。[10]	喜研究书法。[11]
庆历八年 （1048年）	18	父出任江南东路按察使，括随侍居江宁。[12] 少时体弱多病，本年又因晚上灯下写小字，得眼疾。[13]	开始研究医药，得名医人王琪传授药方。[14]
皇祐二年 （1050年）	20	居苏州。[15]	

续表

年份	年龄	重要事迹	学术活动
至和元年（1054年）	24	正月，终父丧。 借父荫初出仕，任海州沭阳县主簿。任职期间不嫌微贱，不怕劳苦，认真工作。[18] 曾代替县令安集县良，平服民变。[19] 疏浚沭水，得上田七千顷。[20]	研究东海县的地理沿革，纠正《图经》谬误。[21]
至和二年（1055年）	25	摄东海县令。[22]	
皇祐三年（1051年）	21	八月，父以太常少卿、分司南京归钱塘，括亦回杭。 十一月，父卒，享年七十四岁。[16]	
皇祐四年（1052年）	22	十月，葬父于钱塘龙居里。[17]	
嘉祐六年（1061年）	31	在宣州任宁国县令。[23] 奉转运使差往芜湖视察废秦家圩，归来后力排众议，主张修复；并参加了修复工作。工成后改名万春圩。[24]	上《论圩田》五说。[25] 作《乐论》书成。[26]
嘉祐七年（1062年）	32	在陈州任宛丘县令。[27] 开始用道士服气法治疗宿疾，满一年病愈。[28] 秋季，参加苏州的发解试，名列第一。[29]	进一步研究医药。[30]
嘉祐八年（1063年）	33	三月，登进士第。[31] 沈括这次入京，因为是苏州解头，试前循例得仁宗召见。[32]	
治平元年（1064年）	34	在扬州任司理参军。[33]被淮南转运使张蒭所赏识，后来张向朝廷推荐过他；几年后沈括丧妻，张又把女儿嫁给他做继室。[34]	

续表

年份	年龄	重要事迹	学术活动
治平三年（1066年）	36	编校昭文馆书籍。[35]居京师。奉命参预详定浑天仪。[36]	研究天文学，发表《答长官问》三则。[37]
熙宁元年（1068年）	38	编校书籍供职期满，得补昭文馆校勘。[38]奉命考订郊礼沿革，主张礼节从简，重订新的仪式。[39]八月，母卒于京师，享年八十三岁。[40]	编修《南郊式》完成。[41]研究宋辽澶渊之盟历史。[42]
熙宁二年（1069年）	39	八月，葬母于钱塘龙居里。[43]	
熙宁三年（1070年）	40	十一月，终母丧。期前由杭返京，至是复职。[44]	
熙宁四年（1071年）	41	十一月，迁太子中允、检正中书刑房公事。[45]	
熙宁五年（1072年）	42	兼提举司天监。[46]五月，荐卫朴入监修历。[47]七月，加史馆检讨。[48]九月，疏浚汴河水道，测量汴道地形，自京师上善门至泗州淮口，凡八百四十里许。[49]	观测极星位置，历时三月，绘图二百余幅。[50]创分层筑堰测量地形法。[51]

续表

年份	年龄	重要事迹	学术活动
熙宁六年（1073年）	43	三月，迁集贤校理。[52] 五月，奉命详定三司令敕。[53] 六月，奉命相度两浙路农田水利、差役等事，兼察访。[54] 七月，奏请排定两浙保甲。[55] 八月，辟官相度水利，过高邮南下。[56] 九月，立两浙敛散法。募饥民兴修常、润等州水利。[57]	作《浑仪》《浮漏》《景表》三议。[58]
熙宁七年（1074年）	44	三月，迁太常丞、同修起居注。[59] 四月，建议兴筑温、台、明等州以东堤堰，增辟耕地。[60] 建议分两浙为东、西路。[61] 还朝。[62] 六月，新制浑仪、浮漏成，神宗和辅臣亲至迎阳门参观，询问沈括改制的原理。[63] 七月，迁右正言、司天秋官正，这是制作新仪的奖励。[64] 擢知制诰、兼通进银台司。[65] 因为修起居注，得时常侍奉神宗左右，曾从容谏止登记民车、官卖蜀盐二事。[66] 八月，为河北西路察访使，又奉命提举河北西路义勇保甲。[67] 九月，兼判军器监。[68]	观察浙东雁荡山、河北太行山，发现其地形构造原理。[69] 新制浑仪、浮漏，多创造性改作；其中浑仪取消月道环，漏壶采直颈玉嘴，都被后来制造者所模仿。[70] 研究城防、阵法等军事学知识。[71]

续表

年份	年龄	重要事迹	学术活动
熙宁八年（1075年）	45	二月，括在河北，先后上书讲修边政凡数十事。[72] 还朝。[73] 三月，上所编《修城法式条约》。[74] 奉命为使辽朝信使，假翰林侍读学士。[75] 上表论契丹争议河东地界本末。召对，并赐银一千两。[76] 四月，改充回谢使，启程。[77] 闰四月，行至雄州，被契丹拒绝不得出境，留雄州二十余日。临去，括草遗奏交其兄沈披转达朝廷，表示必死决心。[78] 兼提举大名府、澶、恩州义勇保甲。[79] 上《熙宁奉元历》，进一官。[80] 五月，至永安山，面见辽道宗。[81] 和契丹争论黄嵬大山、天池子地界，凡会议六次，坚持不屈。[82] 奉命详定一司敕。[83] 六月，自契丹启程还朝。[84] 七月，罢提举大名、澶、恩州义勇保甲。[85] 为淮南、两浙灾伤体量安抚使。[86] 八月，大检阅，神宗在延和殿检阅沈括所制兵车。[87] 十月，兼编修内诸司敕式，罢详定一司敕。[88] 权发遣三司使。[89] 括体量安抚淮、浙，行至钟离，召还。[90] 十二月，复置三司开拆司。[91]	制造几种不同的立体地理模型。[92] 研究边疆地理，提供对辽交涉资料。[93] 在契丹时观察当地山川、生物、风俗、气象等等；[94] 归来时绘画道里险要，成《使契丹图钞》。[95] 作《乙卯入国奏请》并《别录》。 讨论李靖的《九军阵法》，研究古兵车制度。[96] 作《奉元历序》。[97]

续表

年份	年龄	重要事迹	学术活动
熙宁九年（1076年）	46	八月，奉旨编修《天下州县图》（即《守令图》）。[98] 十一月，奏请免征两浙下户免役钱。[99] 十二月，拜翰林学士、权三司使，详定重修编敕。[100] 括因推行新法、使辽交涉很有成绩，这时已封长兴县开国男、食邑三百户，赐紫金鱼袋。[101] 奉命详定江、淮盐法。[102]	奏请用翰林天文院学生测验天象参较改正《奉元历》。[103] 开始绘制北宋境域图。
熙宁十年（1077年）	47	二月，改革陕西盐钞法。[104] 六月，上言河北不宜铸铁钱，请于陕西增铸折二铁钱。[105] 七月，因请免两浙下户役钱被御史蔡确所诬劾，罢权三司使，以集贤院学士知宣州。[106]	上《论盐之为蠹》四说。[107] 上《论钱荒八因说》。[108] 研究熙宁州县废并沿革。[109]
元丰元年（1078年）	48	居宣州。 八月，复知制诰、知潭州。被蔡确所论，以为不应复官太速，诏罢知制诰、仍旧知宣州。[110]	
元丰二年（1079年）	49	七月，复龙图阁待制。[111]	

续表

年份	年龄	重要事迹	学术活动
元丰三年（1080年）	50	五月，除知审官西院。御史满中行论不应召括，后二日改知青州。[112] 六月，改知延州、兼鄜延路经略安抚使。[113] 奉命措置陕西四路未了防务。[114] 括既奉命往帅鄜延，乃自宣州入朝，奏对毕，约于八月中抵达延州。[115] 这时神宗准备对西夏出兵，括秉承密旨，和种谔部署防守，训练民兵，昼夜勤劳。[116]	考察鄜延境内的石油矿藏和生产，试制油烟墨成功。[117] 考察延州出土植物化石，并据以推论当地古气候。[118] 留心边境各族事务，着重研究西夏的历史和现状。[119]
元丰四年（1081年）	51	七月，宋军会陕西、河东五路大军出击西夏。鄜延一路，由种谔率军出塞，沈括留守本路。[120] 十月，夏军偷袭德靖寨，沈括出兵拒战，却之。[121] 夏军攻顺宁寨，括遣将领兵千人出城，用计退敌，拔磨崖寨而返。[122] 十一月，斩溃将刘归仁。[123] 克细浮图、吴堡、义合、塞门四寨。[124] 以保全南路边塞功，传令嘉奖。[125] 授朝散郎、依前充龙图阁待制、加骑都尉，进封开国子、食邑二百户，可能就在此时。[126]	研究乐曲，作《凯歌》词数十，令士卒歌唱。[127]

续表

年份	年龄	重要事迹	学术活动
元丰五年（1082年）	52	正月，经营新收复米脂、吴堡、义合、细浮图、塞门五寨，招置弓箭手以边耕边守。[128] 二月，因守安疆界、应付边事有功，转龙图阁直学士。[129] 三月，遣曲珍出界与夏人战于金汤，获胜。[130] 四月，克葭芦寨。[131] 五月，建议筑古乌延城以临西夏，争取横山战略形势。[132] 八月，徐禧专擅筑永乐城，括奉命节制修城事。[133] 九月，筑永乐城成，括还米脂。[134] 后三日夏人来攻，括建议战守方略，徐禧不从。[135] 永乐被围，括领兵救援，至无定河，被大兵所阻，便放弃米脂，退保绥德。永乐城陷。[136] 十月，以措置乖方罪责授均州团练副使、随州安置。[137]	上《边略》，奉命编绘成图二本。[138] 观察无定河流域附近沙漠地貌。[139]
元丰六年（1083年）	53	在随州居住法云禅院。[140]	
元丰八年（1085年）	55	徙秀州团练副使、本州安置。[141] 自随州经安陆、汉口东下，冬季抵秀州。[142]	考察江、汉间地形，确定古云梦泽方位。[143]
元祐元年（1086年）	56	因事过润州，到丹徒县朱方门外，登上九年前所购置园圃，仿佛壮年时梦中所常游，便在此筑居舍，名叫梦溪。[144]	

续表

年份	年龄	重要事迹	学术活动
元祐二年（1087年）	57	居秀州。 继室张氏悍虐，平时常被殴骂，又迫逐前妻所生子。括在秀州，被扰尤甚。甚至每年惊动官府，父子被控，吵闹不休。[145]	《天下州县图》编成，共计成图凡二十幅。[146]
元祐三年（1088年）	58	二月，《天下州县图》请准尚书省批状，许令投进。[147] 八月，投进完毕，得旨赐绢一百匹，仍许任便居住。此后他迁居润州梦溪。[148] 晚年居住梦溪，过的是隐居生活，把陶潜、白居易、李约，称为"三悦"，琴、棋、禅、墨、丹、茶、吟、谈、酒，称为"九客"。[149]	开始著作《良方》《梦溪笔谈》《忘怀录》等书。 集中精力搜藏名家书画，所得数量很多。[150]
元祐四年（1089年）	59	九月，飨明堂赦，奉旨授左朝散郎、守光禄少卿、分司南京，许于外州军任便居住。[151]	
元祐六年（1091年）	61	居梦溪，得病。[152]	
元祐七年（1092年）	62	体质更弱，形容枯槁，瘦削不堪。[153]	
绍圣元年（1094年）	64	复官，领宫祠。[154] 妻张氏卒。[155]	
绍圣二年（1095年）	65	沈括卒。 二子：长博毅，次清直。[156]	

〔1〕沈括生卒年代，共有四说：

    1. 天圣七年至元祐八年（1029—1093年）

    2. 天圣八年至绍圣元年（1030—1094年）

3. 天圣九年至绍圣二年（1031—1095 年）

4. 明道元年至绍圣三年（1032—1096 年）

（见胡道静《梦溪笔谈校正》，页 992—999。以下简称《笔谈校证》）。

四说都是用沈括卒年来推算的。《宋史》卷 331《沈括传》未载括卒年，但说：

元祐初徙秀州，继以光禄少卿分司〔下脱"南京"二字〕，居润八年卒。年六十五。

主张第一说的，误将"居润"与"分司"连读，将下文"八年"理解成"元祐八年"，上溯六十五年，是为天圣七年。

主张第二说的，另外根据了沈括的姻亲朱彧所著《萍洲可谈》，又误以他所说的"绍圣初复官，领宫祠"作为沈括卒年，上溯得天圣八年。这两个主张，都出于对史料的误会，不足置信。

第三、四说比较后出，都是根据沈括居润州年代往下推，得到括卒年。主张最后一说的张荫麟，在他所著的《沈括编年事辑》（载《清华学报》11 卷 2 期，以下简称《事辑》），认为沈括迁居润州，是在元祐四年（1089 年）进《守令图》得旨"仍许任便居住"之后。理由充分，但张氏没有看到李焘的《续资治通鉴长编》（以下简称《续通鉴长编》），对沈括进图受奖，有一条明白记载：即元祐三年八月丙子，沈括赐绢百匹、仍从便居止（卷 413）。他根据沈氏《谢表》中"出守封疆者再闰，流落江湖者七年"，以此推算，并多算了一年，所以第四说也是有问题的。

第三说最为晚出。主张这一说的胡道静，在《笔谈校正》中纠正了张氏的结论，定进图在元祐二年，得奖在元祐三年。除进图年代尚可商榷外，所定受奖年份和《续通鉴长编》所载相符，括生卒当以此说为是。

〔2〕沈括籍贯，也有四说：

1. 钱塘人（《宋史》，卷 331，《沈遘传》）。

2. 苏州人（范成大：《吴郡志》，卷 28，《进士题名》，为后人所沿引）。

3. 吴兴人（王称：《东都事略》，卷 86，《沈括传》）。

4. 明州人（楼钥：《攻媿集》，卷 69，《恭题神宗赐沈括御札》）。

据王安石替他父亲沈周所作《分司南京沈公墓志铭》（以下简称《沈周墓志铭》），说沈氏的"武康之族尤独显于天下，至公高祖始徙去，自为钱塘人。"

（《临川先生文集》，卷98）可见沈氏从括的五世祖起，这一支便从原籍武康迁至钱塘，当以钱塘人为是。

　　武康北宋属湖州吴兴郡。自南朝以来，沈氏世为吴兴大族；世人根据以族望相高的习惯，仍称沈括为吴兴人，这是完全可以理解的。至于苏州和明州，都不是他的本贯。苏州是他母亲的籍贯，沈括在那里居住过，用苏贯登进士第，所以名字被列入《吴郡志》，不知道的，便以为他是苏州人，其实范成大并没有说到括是苏州人，所以在《人物》一目里，不列括事迹。明州和沈括更没有相干，只因那里也有一支姓沈的迁居，宋时也很著名，所以楼钥有此误记。

〔3〕见《沈周墓志铭》。

〔4〕见曾巩：《寿昌县太君许氏墓志铭》（《元丰类稿》，卷45。以下简称《许氏墓志铭》）。

〔5〕见吴允嘉：《吴兴三沈先生集·附录》注。《梦溪笔谈》（卷25。以下简称《笔谈》）："文珪，泉州人，康定中老归泉州，予尚识之。"可作参证。

〔6〕《笔谈》："予在蜀中。"（卷16）可知沈括到过四川，未详何年。据现有材料，唯一的线索就是他父亲曾知平泉县，见《沈周墓志铭》。因定沈括入蜀在本年以前。

〔7〕见《许氏墓志铭》。

〔8〕见《笔谈》，卷25。

〔9〕沈括出仕前，延师受业凡一纪，见所作《除翰林学士谢宣召表》："一纪从师，讫无一业之仅就；十年试吏，邻于三黜而偶全。"（《长兴集》，卷13。以下简称《本集》）括初出仕在至和元年（1054年），上溯一纪十二年，恰为本年。

〔10〕沈周自泉州入判开封，见《沈周墓志铭》。亦未详何年。宋代州官三岁一易，沈周转官当在泉州任满之日，所以定在本年。《笔谈》卷17有"庆历中予过南安"一语，南安县在泉州西北道上，沈括过南安当即在此时。

〔11〕指《笔谈》同上条所载在南安鉴赏韩偓墨迹事。

〔12〕《笔谈》《良方》和括《本集》，许多场合里提到住金陵时事，说明他在江宁待了一个较长的时期。据他在熙宁四年（1071年）所作《润州金山二使君祠堂记》，追述从前由江宁到润州所见后说："未三十年而废兴且三四。"（《本集》，卷22）说明他住在江宁时，离熙宁四年还不到三十年。根据沈周做官经历，死前一年曾调职至明州，至明州以前是在江东为按察使。江宁是江东路治所。这样在庆历、皇祐之交，沈括应当随父住在江宁，《笔谈》卷15有"庆历中予在金陵"一语，可作参证。不过由熙宁四年上溯至本年，实得二十四年，虽也和"未三十年"一语符合，但习惯上约计，数字如不超过"五"数，往往不会向高一级的"十"数

240

增长。那么沈括随父南下,应当更早一些,或在庆历六年前后,离熙宁四年二十六年上下,亦即沈括年龄小于十六岁,方能符合"未三十年",和同篇中"予少时自金陵来润州"的文意。胡道静《沈括事略》(载《新校正梦溪笔谈》。以下简称《事略》),认为只是随父入京时,经过金陵。这个说法,恐不得其实。因为除了以上原因以外,由泉州入京,如果取道两浙,只须在润州(镇江)过江,即可由运河乘船北上,用不着经过江宁。以交通路线来说,也有未合。

〔13〕 见《苏沈良方》(以下简称《良方》),卷4、卷7。

〔14〕 同上,卷4。

〔15〕 沈括在熙宁四年(1071年)所作《宋故桐庐县尉杜君墓志铭》(《本集》,卷27)提到他二十年前借住苏州的话。沈括在前一年冬天终母丧,经过苏州返京时,接到撰写墓志铭的要求,他指的二十年是从这时算起,即从熙宁三年往上溯,至本年恰恰是二十足年。《笔谈》卷11"皇祐二年吴中大饥"一则,可作参证,所记当是沈括亲见亲闻之事。这一年沈周离开江宁到明州做官,经过苏州时,将沈括留在许氏外家供读,也是可能的事。

〔16〕 见《沈周墓志铭》。这一年沈括起先当还在苏州,参上条所引二十年前的说法,熙宁四年上溯至本年,首尾恰好二十年;而且八月以前沈周还在明州,杭州没有家,沈括没有回杭的可能。他回杭州当在沈周等全家迁回之后。

〔17〕 见《沈周墓志铭》。

〔18〕 见《宋史·沈括传》。又沈括:《答崔肇书》(《本集》,卷19)。

〔19〕 见沈括:《答李彦辅秀才书》(《本集》,同上)。

〔20〕 见《宋史·沈括传》。

〔21〕 见《笔谈》,卷4。

〔22〕 见沈括:《苍梧台记》(《本集》,卷21)。

〔23〕 见沈括:《万春圩图记》(《本集》,同上)。《四部丛刊》影印明复宋本《沈氏三先生文集》,所载本篇图记,说修圩的是宁国县令沈披,不是沈括,显有错误。沈括本年在宁国,《笔谈》和《本集》中都有记载。前者说:"予嘉祐中客宣州宁国县。"(卷3)后者在《筠州兴国寺禅悦堂记》一文中说:

嘉祐中予客宣之宁国,……比三年,……后十四年,予自禁庭谪守宣州。(卷22)

括谪宣州是在熙宁十年(1077年),上溯十七年恰为本年。"披""括"字形相似，当是传写之误。清吴允嘉《重编沈集》俱作沈括者是。

〔24〕见《万春圩图记》。

〔25〕同上。

〔26〕见沈括：《上欧阳参政书》(《本集》，卷19)。欧阳修参知政事，从本年至治平四年（1067年），见《宋史》，卷211，《宰辅表》。

〔27〕《良方》："年三十二，官于宛丘。"（卷4）张荫麟说："存中在宛丘所官当是县令。"（《事辑》）

〔28〕见《良方》，卷4。

〔29〕《笔谈》："嘉祐中予忝在解头。"（卷9）括中嘉祐八年进士，当是本年在苏州应的发解试。

〔30〕指《良方》所说的"盖自是有意养生之术。"（卷4）

〔31〕见《吴郡志》，卷28：许将榜。登第在本年三月二十二日，见《宋会要辑稿·选举》七之19。许将乃括之同年，因为是本科状元，所以名列榜首。

〔32〕见《笔谈》，卷9。

〔33〕《东都事略》，卷86，《沈括传》："举进士，为扬州司理参军。"括授职当在嘉祐八年。

〔34〕见沈括：《故朝散大夫右谏议大夫知应天府留守司公事畿内劝农使上护军清河县开国男食邑三百户赐紫金鱼袋张公墓志铭》（《本集》，卷29）。

〔35〕《东都事略·沈括传》载他编校昭文馆书籍，在扬州司理参军之后。沈括转官当在扬州任满之日。

〔36〕见《笔谈》，卷7。

〔37〕同上。

〔38〕见《宋史·沈括传》。程俱《麟台故事》卷1："于是诏编校书籍供职及二年，得补校勘。……后吕惠卿、梁焘、沈括皆自编校为馆职。"

〔39〕见《宋史·沈括传》。未详何年。《宋会要辑稿·礼》二八之9熙宁元年八月："诏将来南郊除祇奉天地宗庙依典礼外，其余供应乘舆服御等事件，务从简约。"当即《宋史·沈括传》所说，由于沈括建议后所发生的反响。南郊在本年十一月举行，括奉命讨论当在此以前，诏书即照括所议行事。

〔40〕见《许氏墓志铭》。

〔41〕《南郊式》是沈括编修的，本无疑问；但《宋史》，卷204，《艺文志》却说："王安石《南郊式》一百十卷。"这条记载如果无误，可有二种解释：

1. 这就是《临川先生文集》卷56安石在《进表》所说他修的《南郊敕式》；

2. 《南郊式》由王安石领修，沈括担任实际工作。

按前说而论，王、沈两人所编的《南郊式》，卷数完全一样，可能性很小。按后说而论，事实也有问题：首先沈括在《进表》中（《本集》，卷13）说得明白，《南郊式》是他奉敕命编修的。其次熙宁元年修《南郊式》时，安石尚未执政，官居翰林学士，也没有由他领修的可能，可见是《宋史·艺文志》错记了。

〔42〕见沈括：《张中允墓志铭》（《本集》，卷25）。

〔43〕见《许氏墓志铭》。江少虞《皇朝事实类苑》（卷33）引《笔谈》："熙宁二年，予被诏修《阁门仪制》。"似乎沈括在本年修过《阁门仪制》。其实这是一个错误，江氏所引并非《笔谈》逸文，乃将宋敏求《春明退朝录》卷中的一则载入，而又张冠李戴地加注《笔谈》名字，显然不足置信。可以本年沈括在家守制的事实，证明他没有奉诏讨论礼制的可能。

〔44〕张荫麟、胡道静都说沈括回京复职，是在熙宁四年。这是因为错把三年终丧的制度，按三年足计算。其实那个时候所谓三年守制，已经不是足数，实际只有二十七个月。

〔45〕见《续通鉴长编》，卷228。

〔46〕括提举司天监，初见于熙宁五年五月九日举荐卫朴修历（同上，卷263）。

〔47〕同上。

〔48〕同上，卷235。

〔49〕同上，卷238；《笔谈》，卷25。

〔50〕见《笔谈》，卷7。

〔51〕同上，卷25。

〔52〕见《续通鉴长编》，卷243。

〔53〕同上，卷245。

〔54〕同上。

〔55〕同上，卷246。

〔56〕同上。沈括并未在六月即时南下，他的《万年县君许氏夫人墓志铭》说：

> 熙宁六年十一月甲子，将葬夫人于扬州江都之颜村，使人走京师来求铭。会某领使过高邮，临夫人之丧，吊其孤而为之铭。（《本集》，卷27）

甲子是二十五，孙家遣人求作许夫人墓志铭，当在此以前。这样沈括南行当在八月辟官相度之后,和十一月以前,而且离许氏所择葬期还有颇长一段日子。据《续通鉴长编》卷247九月二日壬寅,括奏立两浙敛散法时,已署衔"相度两浙水利";同月廿一日又有诏令他提举赈济两浙饥民,说明沈括九月当已到任。所以定沈括南下,在八月辟官相度之后。

〔57〕见《续通鉴长编》,卷247。

〔58〕沈括上《浑仪》等三议,《宋史》卷48《天文志》说是熙宁七年七月,张荫麟引用《宋史·律历志》的话,认为应在改制浑仪前(《事辑》)。《续通鉴长编》记载,文字和《律历志》相同,也不采熙宁七年上书之说。今从张说系于六年。

〔59〕见《续通鉴长编》,卷251。

〔60〕见《宋会要辑稿·食货》七之27。

〔61〕见《续通鉴长编》,卷252。

〔62〕胡道静以为括还朝在三月同修起居注之前(《笔谈校证》,页1144),但括上言筑浙东堤堰,在四月八日(见注60);建议分两浙为东、西,在四月廿五日(见注61)。虽然都是政府收到文件的日期,而沈括三、四月还在浙东察访,当是事实。胡氏为了解决这个矛盾,断定沈括还朝后复出,恐怕没有这样的道理。沈括有许多职务都在他出外公干时除授的。因定还朝在四月察访浙东以后。

〔63〕见《宋史》,卷80,《律历志》。

〔64〕同上。

〔65〕同上,《沈括传》。未详年月。《续通鉴长编》卷255八月丙戌为河北西路察访使时,已系"知制诰"衔,注道:"括修注乃在七年七月七日,其知制诰不得其时。"这样说括知制诰是在七八月间。

〔66〕见《宋史·沈括传》。

〔67〕见《续通鉴长编》,卷255。

〔68〕同上,卷256。

〔69〕见《笔谈》,卷24。

〔70〕见《宋史》,卷48,《天文志》载《浑仪》等三议。

〔71〕见《笔谈》有关各条。

〔72〕《续通鉴长编》,卷260、卷267。

〔73〕据注72,知括二月仍在河北,同月二十六日便在京讨论分水岭本末事(同上,卷261注),可见他还朝是在二月内。

〔74〕见《续通鉴长编》,卷261。

〔75〕同上。但李焘误记使名。沈括初奉命时,并不用回谢名义,见同书,卷263,注

引《乙卯入国奏请》。及至辽使走后才改充回谢使启程。

〔76〕见《宋史·沈括传》。

〔77〕沈括何时启程，没有明文记载。《续通鉴长编》说："括候禧去乃行。"（卷262）萧禧是四月五日丙寅辞朝的，沈括启程当在此以后。又《乙卯入国奏请》载括四月二十日奏，已有"今来臣等已是在路，无由面奏子细"（同上，卷263注）的说法，可见他是在四月中启程的。

〔78〕见《续通鉴长编》，卷265。

〔79〕同上，卷263。

〔80〕同上。

〔81〕沈括五月二十三日至永安山，见同上，卷265注引《乙卯入国别录》。

〔82〕见《宋史·沈括传》。

〔83〕见《续通鉴长编》，卷364。

〔84〕沈括六月五日启程还朝，见同上，卷265，注。

〔85〕见《续通鉴长编》，卷266。

〔86〕同上，卷269。

〔87〕见《补笔谈》，卷2。

〔88〕见《续通鉴长编》，卷269。

〔89〕同上。

〔90〕同上。

〔91〕同上，卷271。

〔92〕见《笔谈》，卷25。

〔93〕见《续通鉴长编》，卷263，注引《乙卯入国奏请》。

〔94〕见《笔谈》有关各条。

〔95〕见《宋史·沈括传》。

〔96〕见《补笔谈》，卷2、卷3。

〔97〕见《本集》，卷13，《奉敕撰奉元历序进表》。

〔98〕同上，卷16，《进守令图表》。

〔99〕见《续通鉴长编》，卷279。

〔100〕沈括除翰林学士不知在何时。《宋史·沈括传》："拜翰林学士、权三司使。"他的一篇《除翰林学士笏记》，署衔"新授翰林学士、朝散大夫、行起居舍人、知制诰、权三司使、编修内诸司敕式、详定重修编敕"（《本集》，卷13），说明他除翰林学士可能和权三司使、详定重修编敕同时或稍后。括详定重修编敕见《续通鉴

长编》，卷279；这时已署衔"权三司使"。

〔101〕见《除翰林学士笏记》。

〔102〕见《续通鉴长编》，卷279。

〔103〕同上，卷272。

〔104〕同上，卷280。

〔105〕同上，卷283。

〔106〕同上。据《宋会要辑稿·职官》六之43，载括罢职原因是"上言财用数不同"，和其他材料互异。可能当时或者以另外的罪名责降沈括，而实际是因蔡确论奏的缘故。

〔107〕同注104。

〔108〕同注105。

〔109〕《笔谈》卷12所载熙宁中废并州县沿革，当是沈括任三司使时根据档案图籍所编成。

〔110〕见《续通鉴长编》，卷291。

〔111〕同上，卷299。

〔112〕同上，卷304。

〔113〕沈括授鄜延经略安抚使，《宋史·沈括传》不载；《续通鉴长编》卷304但说"改知延州"。他自己在《笔谈》卷1里记有"予为鄜延经略使日"的话，但没有提到安抚使。其实当时陕西四路都是经略安抚并置，所以沈括除官应以"经略安抚"入衔。《续通鉴长编》卷313元丰四年六月壬午载：

以东上阁门使、文州刺史种谔为鄜延经略安抚副使，应本司事与经略按〔安〕抚使沈括从长处置。

可以作证。

〔114〕见《续通鉴长编》，卷305。

〔115〕沈括赴陕前入京奏对，见所作《延州谢到任表》（《本集》，卷14）。表文又说："已于今月十五日到任。"未详何月。胡道静以为当在六月或七月（《笔谈校证》，页69），都嫌过早。沈括出守延州，原是代替因丁忧去职的吕惠卿。在他未到任前，经略使一缺，由转运使李稷暂代。那时神宗正准备对西夏出兵，沈括接到任命，不能逗留太久，这是可以想象的。但沈括知延州任命，是六月二日才发出的，传递到宣州需要一段日程；及至沈括收拾启程，还入京面对了一

— 246 —

次，六月十五日无论如何到不了任的。那么最早也要到了七月，但事实上七月还有问题。因为八月一日朝廷收到了李稷的奏报，文书上还是用"陕西转运使权管勾鄜延路经略司"名义（《续通鉴长编》，卷307）。如果沈括七月中已到了任，这封奏书便不应再由李稷署名。定在八月中可能和事实更加接近。

〔116〕《宋史·沈括传》。

〔117〕见《笔谈》，卷24。

〔118〕同上，卷21。

〔119〕见《笔谈》有关各条。

〔120〕见冯琦原：《宋史纪事本末》，卷40。

〔121〕见吴广成：《西夏书事》，卷25。

〔122〕见《续通鉴长编》，卷318。

〔123〕同上，卷319。

〔124〕同上。塞门寨的攻下，未见有明文。但同月辛亥有"置延州塞门、浮屠二寨"的记载（同上，卷320），知这个寨的入宋也在本月内。

〔125〕见《续通鉴长编》，卷320。

〔126〕见《本集》，卷14，《谢加恩表》。未详何年。

〔127〕见《笔谈》，卷5。

〔128〕见《续通鉴长编》，卷322。

〔129〕同上，卷323。

〔130〕见《西夏书事》，卷26。

〔131〕见《续通鉴长编》，卷325。

〔132〕同上，卷328。

〔133〕同上，卷329。

〔134〕同上。

〔135〕同上。

〔136〕同上。

〔137〕见《宋史》，卷16，《神宗纪》。

〔138〕见《续通鉴长编》，卷326。

〔139〕见《笔谈》，卷3。

〔140〕见《本集》，卷34，《随州法云禅院佛阁钟铭》。

〔141〕见《本集》，卷16，《秀州谢表》。

〔142〕见《笔谈校正》，页385—386。

〔143〕见《笔谈》，卷4。

〔144〕见《本集》，卷40，《自志》。

〔145〕见朱彧：《萍洲可谈》，卷3。

〔146〕沈括《天下州县图》，既于元祐三年二月请准尚书省批状投进，则图成当在本年。参注147。

〔147〕沈括进图年代，旧有二说：

1. 张荫麟以为在元祐四年（《事辑》）。

2. 胡道静以为在元祐二年（《笔谈校证》，页996）。

前说的错误已见注1所述。胡氏根据《进守令图表》中"岁星一周，抱残编而自力"，说明沈括自熙宁九年（1076年）奉旨编绘，至元祐二年（1087年）图成，共历十二年，这是对的。但他又断定尚书省批状的年份，仍以为在元祐二年，便颇有问题。据沈括同表所载，这个批状所署日期是二月十八日。如果图是在二年完成的，即使在岁首就完成，经过上报批准一套手续，加上公文路上来往的日程，不可能这样迅速。而且沈括因进图受奖又是在三年八月，由图的完成到发出批状的日程固然相隔太短，反之自发出批状到受奖的日程又相隔得太长，于理不合。胡氏大概也看得出这个矛盾，所以他断定沈括进图是自己入京面投的。根据是沈括在《谢进守令图赐绢表》中，有"步归故里，敢忘畎亩之心；回望宸廷，犹深犬马之恋"（《笔谈校正》，页995）的话。这两句能不能作为他亲赍到京、事毕南归的根据呢？我认为不能。从上下文来看，前一句的上文是"听其释佐吏之拘，使亲得庶民之事"，这是说他获得了行动自由的；下一句的下文是"瞻望阙庭，臣某无任感天荷圣、激切屏营之至"，这是一般行文结束的套语。中间这两句正好是承上启下，说到既然可以任便居住，就得酬回归故里终老田园的宿愿；回望朝廷更深深地恋念过去的知遇之恩。其实也无非是感恩知遇一类的俗套，不见得就是叙述北行进图之事的。这又可拿来和《延州谢到任表》作一比较，如果真的见到了哲宗和太皇太后，《谢表》中绝不会这样草率，一笔带过，便算了事的。何况这时沈括已闲居多年，哲宗又没有对他起用之意，新党正在被排挤，新政已宣告失败，沈括也明知没有起用可能，光是为了进图，此行大可不必，而且朝廷也不会召见他的。

又胡氏将"流落江湖七年"解释为熙宁、元丰两次贬谪合计，也不符合实际。因为沈括第一次贬外是从熙宁十年七月至元丰三年六月，首尾共计四年；第二次被贬是在元丰五年十月，至元祐二年二月尚书省发出批状时，首尾共计六年。即使按足数计算，合计也超过了七年。胡氏解决这个矛盾的办法，就是将第一次"流落江湖"期间,计算至元丰二年复官时为止,这显然是不妥当的。其实沈括这两句,前一句"出守封疆者再闰"是指出知宣州、延州两次外任,从熙宁十年至元丰五年中间,经过元丰元年闰正月和三年的闰九月,恰好是两次闰月。后一句"流落江湖者七年"是指第二次贬谪以后,从元丰五年至进表的一年——元祐三年,首尾恰好是七年。沈括把前五年称为"出守",后七年称为"流落",这是有道理的。因为前次贬谪还在做官,后一次贬谪便等于放逐,所以是不同的。

根据上述理由,将尚书省的批状日期,定在元祐三年二月;沈括进图日期,定在三年二月至八月之间,便符合了当时的情况。同时,在未曾进图受奖以前,沈括没有行动的自由,根据当时政治形势,不可能也不必有自己进京投地图之事。

〔148〕见《续通鉴长编》,卷413。

〔149〕见《本集》,卷40,《自志》。

〔150〕见米芾:《书史》《画史》。又《本集》,卷1,《图画歌》。

〔151〕刘安世:《尽言集》,卷11,《权给事中封驳沈括除命》:

> 准中书省送到录黄,九月二十三日三省同奉圣旨,"沈括除朝散郎、守光禄少卿、分司南京、许于外州军任便居住"者。

又《论沈括吴居厚等牵复不当》:"右臣等伏见朝廷近因明堂赦恩,牵复左降官吏,首及沈括等。"这应当是元祐四年九月十四日辛巳大飨明堂时事,见《宋史》,卷17,《哲宗纪》。

〔152〕见《本集》,卷40,《自志》。

〔153〕同上。

〔154〕见朱彧:《萍洲可谈》,卷3。

〔155〕同上。

〔156〕同上。

图书在版编目（CIP）数据

沈括 / 张家驹著. —北京：中国书籍出版社，2014.12
ISBN 978-7-5068-4588-5

Ⅰ.①沈… Ⅱ.①张… Ⅲ.①沈括（1031～1095）—传记 Ⅳ.①K826.1

中国版本图书馆CIP数据核字（2014）第281089号

沈括

张家驹　著

策划编辑	刘　路
责任编辑	刘　路
责任印制	孙马飞　马　芝
封面设计	中尚图
出版发行	中国书籍出版社
地　　址	北京市丰台区三路居路97号（邮编：100073）
电　　话	（010）52257143（总编室）（010）52257153（发行部）
电子邮箱	chinabp@vip.sina.com
经　　销	全国新华书店
印　　刷	三河市顺兴印务有限公司
开　　本	710毫米×1000毫米　1/16
字　　数	275千字
印　　张	16.5
版　　次	2015年1月第1版　2019年2月第3次印刷
书　　号	ISBN 978-7-5068-4588-5
定　　价	35.00元

版权所有　翻印必究